Bede Griffiths
Roland R. Ropers

EINE Welt – EINE Menschheit – EINE Religion
Auf dem Weg ins Innere Universum

SHEEMA

BEDE GRIFFITHS

Roland R. Ropers

EINE Welt – EINE Menschheit – EINE Religion
AUF DEM WEG INS INNERE UNIVERSUM

Mit einem Vorwort des Gandhi-Freundes
Jesuitenpater Michael A. Windey S.J.

Bibliografische Information der Deutschen Bibliothek

Die Deutsche Bibliothek verzeichnet diese Publikation in der Deutschen Nationalbibliothek; detaillierte Daten sind im Internet über http://dnb.ddb.de abrufbar.

© 2007, 2021 Sheema Medien Verlag, 83093 Antwort
www.sheema-verlag.de
© div. Bilder und Texte: Roland R. Ropers

ISBN 978-3-931560-27-0
1. Auflage 2007 | 2. Auflage 2021

Umschlaggestaltung: Gabriele Posch, www.textundwebwerkstatt.de
Umschlagbild: Der Archetyp *„Mönch"* – Bede Griffiths im Alter von 84 Jahren. Das Foto entstand im April 1991, als Bede Griffiths mit Roland R. Ropers sein Buch **„Universal Wisdom"** in seinem Ashram in Süd-Indien vollendete. Bede Griffiths bezeichnete dieses Foto als das schönste, das jemals von ihm gemacht wurde.
Lektorat, Layout, Gesamtherstellung: Cornelia Linder
Druck: FINIDR

Die wichtigste Stunde ist immer die Gegenwart.

MEISTER ECKHART

Durch das Verharren in Stille
kommt jedes innere oder äußere Geschehen
zur Ruhe,
alle Begrenzungen und Bedingungen schwinden.
Dann erstrahlt das Himmlische Licht,
wodurch man sein wahres Wesen sehen
und die absolute Wirklichkeit erfahren kann.

CHUANG-TSE

gewidmet meinem Sohn
Benedikt António Kumar,
der seit frühester Kindheit mit dem
Geist von Dom Bede Griffiths und Indiens
in Berührung gekommen ist

sowie
meinen wunderbaren
spirituellen Freunden und Weg-Begleitern
in vielen Teilen der Welt

Inhalt

TEIL II: Roland R. Ropers: Kontemplative Texte

VORWORT VON
PROFESSOR DR. MICHAEL ANTHONY WINDEY S.J.

BRÜCKENBAUER FÜR WAHRHEIT, EINHEIT UND FREIHEIT

Dom Bede Griffiths war für uns ein Licht, eine Stärke und ein Meister. Wenn ich an ihn denke, denke ich an viel Freude, die er in seinem Leben gehabt hat. Und **Mahatma Gandhi**, den ich nur kurz kannte, war auch so. Bede Griffiths kannte ich fast 40 Jahre. Beide Menschen hatten einen großen Einfluss auf mich.

Zunächst einmal durch den Quell ihrer Freude. Bede Griffiths und Gandhi hatten die größte Freude an einem einfachen Leben. Die Freude, die sie hatten, wenn sie Menschen dienten und Hilfe leisteten, hat mich zutiefst beeindruckt.

Oft hatte ich Bede Griffiths von meinen Schwierigkeiten bei der Arbeit erzählt, und er hat mir immer viel Mut gemacht. Gandhi war ebenso. Er sagte einmal zu mir: *„Wenn Du nur Mut hast und Ideen, dann sind sie nicht nur Wirkungen, dann brauchen wir sie!"* Ein solches Wort beflügelt.

Bede Griffiths wurde nie ohne Buch gesehen. Auch wenn er geruht hat, war stets ein Buch in seinen Händen. Gandhi hielt montags seinen Ashram geschlossen, denn es war sein Lesetag. Gandhi und Griffiths haben immer Neues gelesen, um etwas Tieferes, die Wahrheit zu finden. Von Gandhi habe ich bis heute ein Wort in Erinnerung behalten: *„Das erste Wort in der Welt ist WAHRHEIT".* Am Anfang war das Licht, und das Licht ist unsere Wahrheit, damit hat unsere

Welt angefangen. Das ist die Hauptaussage der gesamten Schöpfung: LICHT und WAHRHEIT.

Man kann die Wahrheit nicht ohne die Einheit erreichen. Das von Bede Griffiths herausgegebene Buch *„UNIVER-SAL WISDOM – A Journey through the Sacred Wisdom of the World"*, das er seinem Schüler und Freund **Roland R. Ropers** offiziell gewidmet hat, ist ein wunderbares Werk. In dem vorliegenden Buch erhält dieses große spirituelle Vermächtnis von Bede Griffiths im Hinblick auf dem Weg zu EINER Welt, EINER Menschheit und EINER Religion ein bedeutungsvolles Licht. Die universale Weisheit war der letzte Gedanke von Bede Griffiths, den ich am 15. Mai 1993 in Shantivanam mit zu Grabe getragen habe.

Ich glaube, Bede Griffiths und Mahatma Gandhi waren die ökumenischsten Menschen, die wir im 20. Jahrhundert in Indien erlebt haben. Gandhi sagte: *„Ich bin als Hindu geboren, aber ich bin universal auch ein Christ in meinem Glauben."* Wenn es um Glauben geht, dann haben wir nur eine universale Kultur, die Kultur von einer dienstvollen **LIEBE**.

Alles, was geschaffen ist und durch Menschen nach seiner Vollkommenheit strebt, muss zur Freiheit kommen. Bede Griffiths sagte immer: *„Zur christlichen Freiheit!"* Jesus Christus hat uns sicherlich nur zur Freiheit geführt. Wenn wir dahin nicht gelangen, dann haben wir einen falschen Gehorsam oder eine falsche Freiheit.

Bede Griffiths sagte jedem, der zu ihm kam:
„Du musst wählen, ich kann nicht für Dich wählen. Du musst Deine Freiheit suchen, Du musst die Freiheit üben, Du darfst nicht annehmen, was ich sage, Du musst selbst erfahren und selbst wählen, was für ein Gebet Du sprechen sollst. Nur eines kann ich Dir sagen: Deine

Freiheit soll auch den anderen Freiheit geben, man kann nicht allein frei sein. Eine Freiheit, die man für sich selbst bewahrt, ist keine Freiheit."

Von Bede Griffiths und Mahatma Gandhi habe ich erfahren: Ein Leben auf Freiheit ausgerichtet, durch die Einheit auf dem Weg der Wahrheit.

Wir müssen die Freiheit konkretisieren. Wir haben viele Freiheiten heute, aber damit noch keine FREIHEIT.

Das wahre Leben ist: nach Wahrheit, Einheit und Freiheit zu suchen.

In einem unvergesslichen Dialog mit Roland R. Ropers sagte ich einmal:

„Ich denke wirklich an nur EIN Leben. Meine Ewigkeit hat angefangen, ich komme von der Ewigkeit und nicht von der Zeitlichkeit. Ich bin von ewig geschaffen, muss diese Ewigkeit inkarnieren. Nicht umsonst sind die Gurus auf die Berge gegangen, nicht umsonst sind die Leute von den großen Städten weggegangen. Sie haben realisiert, dass die Ewigkeit dort ist, wo die universelle, die offene Natur und nicht ein fester Punkt auf der Erde ist. Gott ist schon im Zentrum, und der konkrete Unterschied, den wir jetzt nicht ganz erfahren und realisieren können, ist der Unterschied zwischen unserer beschränkten Seele und der Anwesenheit Gottes. Das ist, glaube ich, was wir am besten über den Tod sagen können: so wie ein Schmetterling, der aus der Raupe kommt."

Hyderabad/Indien, 15. August 2007
am 60. Jahrestag der Unabhängigkeit Indiens

Michael Anthony Windey

wurde am 28. April 1921 in der flandrischen Stadt Buggenhout/Belgien als 4. von 12 Kindern geboren. Ein hochbegabter – künstlerisch wie sprachlich – Junge einer deutschen Mutter und eines englischen Vaters.

Bereits mit 17 Jahren trat er in den Jesuitenorden ein, studierte in Belgien und Frankreich Philosophie und Theologie. Michael A. Windey hatte in Paris bei **Henri Bergson** Philosophie studiert und über ihn promoviert. Bergson erhielt für sein Hauptwerk *„Schöpferische Entwicklung"* 1927 den Nobelpreis für Literatur.

Windey's beispielhafte Tätigkeit in den indischen Dörfern ist von schöpferischer Entwicklung geprägt. In seinem Heimatland promovierte Michael Windey in Theologie über den Freiheitsbegriff bei Jesus Christus. Zweifach promoviert und in sechs europäischen Sprachen zu Hause, ging Michael Windey 1946 als 25-jähriger Pionier nach Indien – sein Lebensziel war von Anbeginn, die Menschen in ihre individuelle Freiheit zu führen.

Mit Mahatma Gandhi war Michael Windey befreundet. Er ist auf besondere Weise in seine Fußstapfen getreten. Seit 62 Jahren lebt und arbeitet Michael Windey auf dem riesigen Subkontinent und hat dort ein beispielhaftes Werk ins Leben gerufen: eine Dorf-Aufbau-Organisation flächendeckend über das ganze Land. Michael Windey starb im Alter von 88 Jahren am 20. September 2009 in Heverlee/Belgien.

Jenseits aller Gedanken,
Gefühle und Vorstellungen
gibt es ein inneres Heiligtum,
das wir nur selten betreten.

Es ist der Wesensgrund der Seele,
wo alle Anlagen und Fähigkeiten
ihre Wurzeln haben
und welches das wahre Zentrum
unseres Seins ist.

BEDE GRIFFITHS

EINFÜHRUNG VON ROLAND R. ROPERS

DER PROPHETISCHE MENSCH, MÖNCH UND MYSTIKER DES 20. JAHRHUNDERTS: DOM BEDE GRIFFITHS

Der Mozart unter den Mystikern

ROLAND R. ROPERS

Berühre den Flügel eines Schmetterlings und du bewegst einen Stern.

WILLIAM BLAKE

WERDEGANG

Der englische Benediktinermönch **Bede Griffiths** (1906 – 1993) war einer der großen Mystiker und Weisen des 20. Jahrhunderts, der prophetisch die Versöhnung der Weltreligionen vorangetrieben und authentisch gelebt hat.

Alan Richard Griffiths wurde am 17. Dezember 1906 in Walton-on-Thames als jüngstes von vier Kindern einer englischen Mittelstandsfamilie geboren. Kurz nach seiner Geburt machte sein Vater mit seinem Malerbetrieb Konkurs, nachdem ihn sein Partner um den letzten Penny betrogen hatte. Walter Griffiths hatte dadurch sein Ansehen verloren und konnte in der Familie niemals mehr seine bisherige Autorität zurückgewinnen. Alans Mutter, die für die Kinder nunmehr auch die Vaterrolle übernehmen musste, sah sich gezwungen, in bescheidene Wohnverhältnisse umzuziehen. Sie ging als Putzfrau arbeiten.

Im Alter von 12 Jahren wurde Alan in eine staatliche Schule für bedürftige Knaben eingeschult, in das Christ`s Hospital. Der magere, arme Junge war immer Klassenbester; er spielte hervorragend Klavier und war enorm belesen; später bekam er ein Stipendium am Magdalen College in Oxford, wo er von 1925 – 1929 englische Literatur und Philosophie studierte und sehr wesentlich von seinem Tutor und späteren Freund **C.S. Lewis** (1898 – 1963) geprägt wurde. Die Begabung zum Schreiben und Reden war Alan in die Wiege gelegt worden; seine mehr als ein Dutzend Bücher und Hunderte von Artikeln legen davon ein beeindruckendes Zeugnis ab.

Nach seinem Universitätsabschluss unternahm Alan Griffiths mit Freunden den Versuch eines gemein- schaftlichen Lebens mitten in der herrlichen Natur der Cotswolds. Die drei jungen Männer verdienten ihren Lebensunterhalt mit dem Melken von Kühen und dem Verkauf von Milch. Ansonsten versuchten sie beim Lesen der Bibel den unmittelbaren Bezug zur Natur zu erforschen.

Alan lebte ständig im Konflikt zwischen dem rationalen Verstand und seinen spirituellen Bedürfnissen. Während eines extremen Fastens erlebte er eines Nachts tränen- überströmt einen plötzlichen Durchbruch, worüber er schrieb:

„Ich war nicht mehr der Mittelpunkt meines Lebens".

Und bei der Lektüre von Kardinal **John Henry Newman`s** (1801 –1890) Buch *„Über die Entwicklung der Glaubens- lehre"* spürte er seine Rückkehr zum Mittelpunkt des Seins.

Er wusste, dass man seiner Mutter den größten Kummer bereiten würde, wenn eines ihrer Kinder zum römisch-katholischen Glauben konvertieren sollte. Alan besuchte die Benediktinerabtei Priknash Abbey, fühlte sich innerhalb von sechs Wochen dort beheimatet, wurde am Heiligen Abend des Jahres 1931 in die katholische Kirche aufgenommen und empfing in der Weihnachts-Mitternachtsmesse seine erste heilige Kommunion. Am 20. Dezember 1932 wurde er als Benediktiner-Novize eingekleidet und nahm den Mönchs-namen **„Bede"** an, der etymologisch betrachtet germanisch-keltischen Ursprungs ist und bedeutet:

> *ewig, lebendig, unsterblich,*
> *sich erneuerndes Leben, Wärme,*
> *Licht aus der Höhe strahlend.*

Von 1947 – 1951 war Bede Griffiths Prior in Farnborough und Pluscarden, doch die wirtschaftliche Leitung eines Klosters war nicht seine Begabung. Die Begegnung mit dem in Europa geborenen indischen Pater **Benedikt Alapatt** bewog ihn sehr, sich um eine Veränderung seiner Lebens-verhältnisse zu bemühen, zumal er durch die C.G. Jung-Schülerin **Toni Sussman** bereits sehr mit dem Denken des Ostens und indischer Literatur vertraut war. Nach vielen Schwierigkeiten wurde seine Gelöbnisbindung an das Kloster Prinknash Abbey aufgehoben, wonach Bede Griffiths in sein Tagebuch schrieb:

> *„Die Aufgabe des Egos ist der einzig mögliche Weg zum Leben. Ich werde jetzt die andere Hälfte meiner Seele entdecken."*

1955 verließ er sein Heimatland England endgültig und reiste zusammen mit Pater Benedikt Alapatt nach Bombay. Nach Sanskrit-Studium und 10-jährigem Aufenthalt im Kurisumala Ashram des belgischen Trappisten **Francis Mahieu** (besser bekannt als **Swami Francis Acharya**) – der 91-jährig am 31. Januar 2002 gestorben ist – übernahm Bede Griffiths im Jahre 1968 den **Sat-Chit-Ananda Ashram** (Sanskrit: Sein-Bewusstsein-Glückseligkeit) in Tannirpalli/ Tamil Nadu. **Shantivanam**, der Wald des Friedens, wurde 1950 von dem französischen Diözesanmissionar **Jules Monchanin** und dem Benediktiner **Henri Le Saux (Swami Abhishiktananda)** gegründet. Am heiligen Fluss Süd-Indiens, am River Cauvery entstand ein wunderschöner Ashram, der unter der spirituellen Führung von Bede Griffiths (**Swami Dayanda** – *Glückseligkeit im Erbarmen*) zu einem Begegnungszentrum der Weltreligionen und des kontemplativen Lebens wurde. Täglich interpretierte Bede Griffiths die heiligen Schriften aller großen Traditionen und warf dabei immer wieder neues Licht auf das Mysterium des Christentums.

DER MENSCH

Bede Griffiths war ein Mensch mit einem universellen Herzen. Er achtete die Heiligkeit jeder Person, da er tief daran glaubte, dass jede Person ein einmaliges, unverwechselbares Bild des Göttlichen sei.

Mit **Jan van Ruysbroeck** (1293 – 1381) glaubte er, dass *„Gottes Werk in der Leere der Seele ewig ist".* Gern beschrieb er den göttlichen Prozess im Innern des Menschen.

Er war vom Mysterium der Trinität fasziniert und noch mehr von den Möglichkeiten, welche der Hinduismus zur Befruchtung des Christentums beitragen könnte.

Er hatte ein Herz, das zuhören konnte. Jeder, der zu ihm kam, hatte das wunderbare Gefühl, dass er vorurteilslos angenommen war.

Alles, was er gelesen und studiert hatte, konnte er auswendig rezitieren. Den englischen Poeten und Mystiker **William Blake** (1757 – 1827) schätzte er außerordentlich, der schrieb: *„Berühre den Flügel eines Schmetterlings und du bewegst einen Stern.“*
Bede Griffiths glaubte nicht an einen Monotheismus, sondern fühlte sich in der Trinität, der Drei-Einigkeit geborgen. Wie kaum ein anderer verkörperte er geradezu leuchtend das trinitarische Zusammenwirken von:

Sat-Chit-Ananda
Sein-Bewusstsein-Glückseligkeit.

DER MÖNCH

Für Bede Griffiths war Christsein und Mönchsein eng miteinander verwoben. Insbesondere das indische Mönchstum hatte ihn überzeugt, das Leben des **Sannyasi**, des der peripheren Welt Entsagenden. Und an **Mahatma Gandhi** (1869 – 1948) sich orientierend schreibt er in seinem Buch *„Christ in India“*:
„Was Gandhi so deutlich sah, ist, dass die Entsagung keine Weltflucht ist, sondern Freiheit von den

Interessen des Egos, die es einem ermöglicht, sich selbst, Gott und der Welt total hinzugeben."

Bede Griffiths lebte so, wie er schrieb:
„Ein Mönch muss immer auf der Suche nach Gott sein, sich fortwährend bemühen, Gott zu verwirklichen und die Wirklichkeit der verborgenen Gegenwart Gottes in der Tiefe des eigenen Herzens zu entdecken."

Für Bede Griffiths war der Mönch ein Mensch, der seinen wahren Mittelpunkt gefunden hat. Darum besteht die besondere Berufung eines Mönches darin, dieses Bewusstsein vom Mittelpunkt ständig zu erneuern und anderen mitzuteilen.

Aus der Kontemplation schöpfte er seine Lebensenergie. Er war davon überzeugt, sie sei die Bestimmung allen menschlichen Lebens. Seine Briefe, Vorträge, Predigten und persönlichen Gespräche waren so bereichernd, weil sie alle dieser kontemplativen Dimension aus dem tiefsten Inneren entsprangen. Den Kontemplationsvollzug sah er nicht nur als Begegnung mit der Transzendenz, sondern auch als schmerzliche Erfahrung der Selbstentdeckung,

„da sie Selbsterkenntnis und Läuterung bewirkt und die Illusionen, die wir über unser Selbst haben, zerschlägt, je näher wir dieses Mysterium der Transzendenz berühren."

Anlässlich eines gemeinsamen Herbstspazierganges formulierte er am 22. September 1992 in Kreuth/Tegernsee seine letztgültige und sicherlich auch schönste Deutung des Begriffs *Kontemplation*:

„Kontemplation ist das Erwachen zur Gegenwart Gottes im Herzen des Menschen und im uns umgebenden Universum. Kontemplation ist Erkenntnis im Zustand der Liebe."

Bede Griffiths legte in meiner persönlichen Anwesenheit das Fundament für eine Gesellschaft des kontemplativen Lebens in der Welt. Er betonte stets sehr nachdrücklich:

„Jesus Christus hat nicht die Kirche gepredigt, sondern das Reich Gottes. Jesus ist einzigartig, aber nicht der einzige".

Die dogmatischen Machtstrukturen der römisch-katholischen Kirche betrachtete er als Hindernis auf dem spirituellen Weg zur Befreiung des Menschen. In seinem mir überlassenen spirituellen Vermächtnis schreibt er:

„Die Gesellschaft zur Erneuerung des kontemplativen Lebens ist für alle offen, die wahrhaftig Gott suchen ...

Die Gesellschaft sollte frei sein, sich auf ihre eigene Weise zu entwickeln, indem sie der Führung des Heiligen Geistes folgt, der allein als Richtschnur für alle Tätigkeiten gilt.

Jeder sollte gemäß seiner Berufung über sein Engagement bei sozialen oder politischen Aktivitäten entscheiden, jedoch stets im Hinblick auf den kontemplativen Auftrag, die inwendige Tätigkeit des Heiligen Geistes.

Die Gesellschaft besteht auch für Menschen ohne religiöses Bekenntnis, die nur Gott als endgültige Erfüllung in den Wissenschaften, in der Kunst oder im sozialen Dienst suchen; für alle diese sind derartige Aktivitäten Mittel und Wege, um auf die

Inspiration des inwendig wirkenden Geistes zu ant-worten und die Gesellschaft, wo sämtliche menschliche Tätigkeiten unter die Leitung des Heiligen Geistes gestellt werden, in Anspruch zu nehmen ... "

Sein Beitrag zum Dialog der Weltreligionen ist immens groß und wertvoll; die Früchte seiner unermüdlichen Arbeit werden jetzt langsam geerntet.

DER MYSTIKER

Schon als Gymnasiast hatte Bede Griffiths in der Natur sehr nachhaltige mystische Erlebnisse, die in ihm die unmittelbare Verbindung mit dem Göttlichen spüren ließen. Sein ganzes Leben war von dieser kontinuierlichen Wesensschau des göttlichen Urgrundes geprägt. Als 84-Jähriger berichtet er nach einer sehr tief greifenden Erleuchtungsphase:

> *„Ich wurde von Liebe überwältigt und überflutet. Das Weibliche in mir öffnete sich und ein neuer Ausblick tat sich auf.*
>
> *Ich sah die Liebe als das Grundprinzip des Universums, ich sah Gott in der Erde, in den Bäumen, in den Bergen.*
>
> *Das führte mich zu der Überzeugung, dass es in dieser Welt kein absolut Gutes oder Böses gibt. Wir müssen alle unsere Begriffe aufgeben, welche die Welt in Gut und Böse, Richtig und Falsch einteilen, und die Komplementarität der Gegensätze entdecken,*

die Kardinal Nikolaus von Kues die coincidentia oppositorum *nennt."*

Mit seinem beispielhaften Leben bezeugte Bede Griffiths die einzigartige Möglichkeit, dem göttlichen Mysterium in der Gegenwart zu begegnen, wenn der gewohnte dualistische und von Projektionen verformte Denkprozess aufgegeben wird zugunsten des Gefühls von Angekommensein, Rückkehr zur Mitte.

Bede Griffiths nimmt unter den Mystikern in der Geschichte des Christentums eine herausragende Stellung ein. Er hat andere religiöse Traditionen und Kulturen berührt und integriert wie kaum ein anderer und hat vorbildhaft das Johannes-Wort (17,21) verwirklicht:
„Alle sollen eins sein!"

Am 13. Mai 1993 starb Bede Griffiths in der bescheidenen Hütte seines Ashrams und wechselte in tiefstem Frieden in das göttlich-paradiesische **Mahasamadhi.**

DER HEILIGE AUGENBLICK
BERÜHRUNGSPUNKT VON ZEIT & EWIGKEIT

Augenblick, ursprünglich das Blicken der Augen (lat.: **ictus oculi**), seit dem 16. Jahrhundert in der deutschen Sprache allgemein gebräuchlich entsprechend der Bedeutung von **Moment** (lat.: **momentum**), ist der entscheidende Punkt, der Wendepunkt, das **Jetzt**, der Zeitpunkt der Gegenwart zwischen Vergangenheit und Zukunft, der Berührungspunkt von Zeit und Ewigkeit, die **unio mystica,** das Einssein mit Gott.

Ewigkeit (lat.: **aeternitas** und **sempiternitas**; griech.: **aion**; altindisch: **ayus**) ist die Lebensdauer, welche die ewige Zeit beinhaltet. Das der menschlichen Erfahrung der Vergänglichkeit verbundene Urerleben, dass es hinter oder in den werdenden und vergehenden Erscheinungen der Welt ein Dauerndes geben müsse, findet sich selbst bei sehr primitiven Stämmen. Ewigkeit als Unsterblichkeit des Menschen lehrt mehrfach das Neue Testament. Der deutsche Philosoph **Johann Gottlieb Fichte**, unmittelbarer Nachfolger von **Immanuel Kant**, sagte sehr bezeichnend:

> *„Das Leben der Individuen gehört nicht unter die Zeiterscheinungen, sondern ist schlechthin ewig, wie das Leben selbst. Wer da lebt, wahrhaftig lebt, im ewigen Zwecke, der kann niemals sterben: denn das Leben selbst ist schlechthin unsterblich. Diese innere Ewigkeit aber habe sich im Hiesigen (Gegenwart) zu bewähren. Durch bloßes Sichbegrabenlassen kommt man nicht in die Ewigkeit."*

Wir leben zum Großteil immer noch in einer dualistischen Welt, in der die Gegensätze den Zugang zum Augenblick, zur Ewigkeit im Hier und Jetzt versperren. Ein unüber-brückbares Hindernis ist die völlig verkehrte Vorstellung von LEBEN UND TOD als bipolare Wirklichkeit. Leben kann niemals das Gegenteil von etwas sein, denn Leben ist ewig, ohne Anfang und ohne Ende, der paradiesische Bereich immerwährender Präsenz Gottes.

Wir müssen die Dualität von Geburt und Tod überwinden, um endgültig in den Bereich des ewigen Lebens zu gelangen.

Viele Menschen spüren, dass ein neues Zeitalter anbricht, dass ein geistiges Erwachen notwendig ist, um auf dem Planeten Erde in friedlicher Koexistenz glücklich leben zu können.

Wir müssen endlich **ankommen**! Und wenn man das in dem Substantiv **Zukunft** enthaltene Verb **kommen** logisch und konsequent benutzt, dann ist:

Vergangenheit	=	Herkunft
Gegenwart	=	**Ankunft**
Zukunft	=	Zukunft

Hierzu hat **Dom Bede Griffiths** uns Gedanken hinter-lassen, die uns Hoffnung und Zuversicht schenken:

„Die Auferstehung ist mehr als das bloße Erscheinen Jesu vor den Jüngern nach seinem Tod. Die wahre Auferstehung ist die völlige Überwindung der Welt. Sie ist Jesu Übergang aus dieser Welt hin zum Vater. Es war kein Ereignis, das in Raum und Zeit geschah, sondern eine Reise jenseits von Raum und Zeit in die Ewigkeit, in die Wirklichkeit.

Wir müssen nicht auf unseren körperlichen Tod warten, sondern können bereits jetzt diese ewige Welt betreten.

Wir müssen dazu den äußeren Schein der Sinne und die inneren Konzepte unseres Verstandes verlassen und uns der Wirklichkeit Christi, dem auferstandenen Christus in uns öffnen. ...

Jesus verließ den Körper, um im Geist gegenwärtig zu sein. In der Kontemplation begegnen wir nicht dem körperlichen, sondern dem geistigen Christus. Die heutige Kirche ist dazu aufgerufen, die Grenzen der Institutionen und Strukturen zu durchbrechen und sich selbst der Gegenwärtigkeit des Geistes, der in der Kirche und in jedem Christen ist, zu öffnen.

Wir sind heute dazu aufgerufen, die Welt der Zeichen, Rituale und Symbole zu verlassen und in die neue Schöpfung einzutreten, eine neue Welt, die in allen großen Traditionen offenbar wird. Die Menschheit ist dazu aufgerufen, das Königreich Gottes zu betreten, Raum und Zeit zu überschreiten und in die ewige Wirklichkeit einzugehen.

Die Auferstehung ist ein zeitloser Vorgang. Sie ist der Übergang vom Alten in das Neue.

Weil Jesus aus dieser räumlichen und zeitlichen Welt in die ewige Wirklichkeit gegangen ist, ist er nun in Raum und Zeit vollkommen gegenwärtig.

Wenn man, wie Jesus in der Auferstehung, über den begrenzten Horizont von Raum und Zeit hinaus gelangt ist, wird man in Raum und Zeit gegenwärtig.

Gott ist überall, in allem gegenwärtig. In der Zeit gibt es einen Anfang, eine Mitte und ein Ende. Die Ewigkeit ist kein solches Fortschreiten.

Die Ewigkeit ist immer da, und sie ist gleichermaßen am Anfang, in der Mitte und am Ende gegenwärtig.

Wenn man stirbt, wechselt man nicht einfach in ein anderes Leben über, sondern man überschreitet die Schwelle zur ewigen Wirklichkeit, die man in seinem eigentlichen Sein bereits ist. Wenn der Mensch stirbt, beginnt sich der Körper abzulösen, sich von der Seele zu trennen. Die Psyche, die Seele, existiert dann noch eine Zeitlang weiter. Es gibt viele, die Nah-Todes-erfahrungen hatten. Sie erlebten, dass sie zum Licht hingezogen wurden und dabei in einen feinstofflichen Leib übergehen. Es ist aber nur ein Sekundär-stadium und nicht von Dauer. Es gibt keine Dauerhaftigkeit im Körper, keine Dauerhaftigkeit in der Psyche (Seele). Man geht in seinen Atman über, in seinen Geist, in die ewige Wirklichkeit, die alle Zeit in uns ist. Jenseits des Körpers und der Seele ist die ewige Wirklichkeit, das Göttliche, Gott – welchen Namen man ihm auch geben mag – immer gegenwärtig. ....

Das Paradies ist die Zeit, in der wir uns einmal in totaler Einheit befanden. Im Schoß der Mutter waren wir alle eins mit der Natur, eins mit dem Leben, eins mit der ganzen Schöpfung. Im Fruchtwasser gebettet zu sein, war reine Wonne. Wir alle kommen aus dieser Wonne heraus auf die Welt – und dort ist

Mühsal und Kampf. Wir beginnen zu denken, das Bewusstsein entwickelt sich und damit kommen all die Unterscheidungen, so dass wir abgetrennt werden und in Spannung geraten. Wir haben aber eine Erinnerung an diese Einheit. Wir alle kommen aus dieser Einheit und haben das Verlangen, dorthin zurückzukehren, zurück ins Paradies. ...

Jenseits des Gesetzes ist die Liebe.

Bei Paulus kommt dies wunderbar zum Ausdruck. Er war Pharisäer und hatte unter dem Gesetz gelebt, aber er erkannte, dass es sein Wachstum hemmte. Es gelang ihm, mit dem Gesetz zu brechen und das Mysterium der Gnade zu erfahren.

Die Gnade ist ein ganz echtes Geschenk. Man wird nicht gerettet, weil man gut und wohltätig ist. Man wird gerettet durch das echte Geschenk der Liebe, einer transzendenten, bedingungslosen Liebe, die sich jedem öffnet, wenn man sich ihr öffnet.

Darum besteht die Herausforderung, über das Ego hinauszugelangen, über die Begrenzung des rationalen Denkens, und offen zu sein für dieses verborgene Mysterium, das uns alle ruft. Dieser Appell zur Grenzüberschreitung, zum heiligen Mysterium liegt hinter allen Begrenzungen unseres menschlichen Lebens. Wenn man stirbt, lösen sich sowohl Körper als auch Psyche auf und der ewige Geist (das Selbst) kehrt zurück zum ewigen Geist.

Jenseits meines Körpers und meiner Psyche ist der Atman, der innewohnende Geist, und dort bin ich eins mit Gott. In der Tiefe meines Seins bin ich eins mit dem Ewigen. Jeder von uns ist in der Tiefe seines (unseres) Seins eins mit diesem transzendenten Mysterium, aus dem das ganze Universum kommt – jenseits unseres Körpers mit all seinen Begrenzungen.

Ich glaube nicht, dass heutzutage ein ernsthaft nach Wahrheit und Wirklichkeit Suchender die Upanishaden außer Acht lassen kann. Wir können diese Einsichten als Maßstab gebrauchen.

Es ist die Gegenwart Gottes, die Wahrheit, die Wirklichkeit, welchen Namen wir ihr auch geben, die das Universum durchdringt."

Eines der größten musikalischen Wunderkinder des 20. Jahrhunderts, der im Jahre 1916 in New York geborene **Yehudi Menuhin** hat den Mönch und Mystiker **Bede Griffiths** auf unübertreffliche Weise charakterisiert:

„Er ist ein authentischer Zeuge für die Weisheit der großen Religionen. Er offenbart meisterlich und wunderbar die Gegenwart Gottes."

Dieses Zeugnis über einen Benediktinermönch aus dem Munde eines Nicht-Christen, eines für den Weltfrieden mit ständigem persönlichen Einsatz engagierten Mannes, veranlasst zu größtem Respekt und aus tiefstem Herzen kommender Dankbarkeit. Lord Yehudi Menuhin, der bis kurz vor seinem Tode am 12. März 1999 in Berlin neben zahlreichen Aktivitäten noch über 100 Konzerte pro Jahr in allen Teilen der Erde dirigierte, vermittelte einen Grad von Spiritualität, der seinesgleichen sucht. Bei einer unserer zahlreichen persönlichen Begegnungen, sagte er meiner damaligen Frau und mir, dass offenbar Bede Griffiths die Brücke zu unserer Verbindung bilde.

Als Yehudi Menuhin im April 1929, in einer für Deutschland sehr krisenhaften Zeit, in Berlin zum ersten Mal auftrat und an einem Abend drei Violinkonzerte – **Bach, Beethoven** und **Brahms** – spielte, äußerte sich nach dem überwältigenden Konzert **Albert Einstein** mit den Worten:
„Jetzt weiß ich, dass Gott existiert".

Yehudi Menuhin und Bede Griffiths verbindet die ausgeprägte Liebe zu den schönen Künsten und die Leuchtkraft göttlicher Manifestation.

PERSÖNLICHE ERINNERUNGEN

Bede Griffiths, der sich erst im Alter von fast 50 Jahren auf den Weg nach Indien machte und dort bis zu seinem Tod am 13. Mai 1993 lebte, hat durch sein Wirken für die Versöhnung der Menschheit und ihrer Religionen ein unschätzbares Fundament geschaffen und ein reiches Vermächtnis hinterlassen.

Das Jahr 1992, Bede Griffiths war jetzt 85 Jahre alt, stand erneut im Zeichen internationaler Reisen und diverser Publikationsvorbereitungen. Mitte März kam Bede Griffiths zum 4. Male seit 1990 für einige Wochen zu uns nach Oberbayern. Unmittelbar nach seiner Ankunft besuchten wir im Münchner Prinzregententheater eine Vorstellung mit indischen Tänzerinnen, die Bede Griffiths sehr faszinierte. Obwohl noch geschwächt von einer fiebrigen Erkältung und ohne Ruhepause seit seiner Ankunft lässt er es sich nicht nehmen, die Künstlerinnen bis kurz vor Mitternacht im persönlichen Gespräch zu ihren glanzvollen Leistungen zu beglückwünschen.

Nach diversen Vortragsveranstaltungen im Raum München, flogen wir für nur einen Tag zu Fernsehaufnahmen nach Madrid, hatten mit unserem gemeinsamen Freund **Raimon Panikkar** sehr gesprächsintensive Stunden, kehrten kurzzeitig nach Deutschland zurück, um dann Anfang April zur naturwissenschaftlichen Konferenz *„Light and Mystics"* nach Winchester/England zu fahren. Namhafte Referenten aus aller Welt und über 700 Besucher erwarteten Bede Griffiths als den Hauptredner der Tagung. Als wir in Londons großem Bahnhof Waterloo Station den Zug nach Winchester besteigen, erzählt Bede Griffiths auf der zweistündigen Fahrt von seinen Kindheitserlebnissen. Es war genau die Gegend, in der er aufgewachsen war, und an jeder Haltestelle kamen ihm Erinnerungen aus der Vergangenheit. Englands Geschichte in der Zeit des 1. Weltkriegs wurde lebendig.

Bede Griffiths wurde zum beeindruckenden Höhepunkt der internationalen Konferenz. Jeder war zutiefst angerührt und fühlte sich durch die Worte des Meisters und Weisen verwandelt.

Am 13. April werden **Bede Griffiths**, Benediktinerpater **Laurence Freeman** (Gründer und Leiter der World Community for Christian Meditation, **www.wccm.org**, Autor des faszinierenden Buchs *„JESUS – der Lehrer in Dir")* und ich in Privataudienz von **S.E. Kardinal Basil**

Hume, Erzbischof von Westminster Cathedral in London empfangen.

Basil Hume, selbst Benediktiner, verfolgte seit Jahren mit großer Anerkennung das Wirken seines Mitbruders in Süd-Indien. Der englische Kardinal, in offensichtlich guter Laune, berichtet sehr offenherzig über die Probleme der Kirche und erläutert seinen persönlich engen Handlungsspielraum in der Ausübung seines Amtes. Im Vergleich zu anderen europäischen Kardinälen und Bischöfen zählte Basil Hume (1923 – 1999) zu den mutigen und engagiert dem Menschen zugewandten Kirchenfürsten.

Am Abend desselben Tages steht ein Vortrag von Bede Griffiths in St. James's Church in Piccadilly Street auf dem Programm. Nach Aussage des Hausherrn hat diese altehrwürdige anglikanische Kirche in der City von London in den vergangenen Jahrzehnten nicht annähernd so viele Besucher verzeichnet wie an diesem Abend. Manche Zuhörer hielten sich förmlich an den Orgelpfeifen fest; der gesamte Kirchenraum war restlos überfüllt.

Bede Griffiths betrat den Altarraum, saß auf einem einfachen Stuhl und sprach 90 Minuten ohne jegliches Skript klar und visionär wie ein Prophet. Es herrschte atemlose Stille, eine paradiesische Atmosphäre von Frieden, Gelöstheit, Klarheit, Schönheit und Heiligkeit wurde lebendig spürbar. Es war Bede Griffiths' letztes öffentliches Erscheinen in seinem Heimatland; genau 13 Monate später starb er.

Zwei Tage nach diesem Vortrag flog Bede Griffiths zunächst nach Indien zurück, um in seinem Ashram mit seiner Gemeinschaft das Osterfest zu feiern. Unmittelbar danach begab er sich erneut auf Weltreise, von der er erst im Oktober heimkehren sollte. Von Madras führte der Weg über

Hongkong zunächst nach Perth/Australien, wo er zusammen mit **S.H. XIV. Dalai Lama** bei einer öffentlichen Veranstaltung von mehr als 20.000 Menschen erwartet wurde.

Der **Dalai Lama** schildert sehr eindrucksvoll seine letzte Begegnung mit Bede Griffiths.

„Ich habe davon gehört, dass es in den frühen Tagen der christlichen Kirche viele Anzeichen dafür gibt, dass der Glauben an die Wiedergeburt, der jetzt im christlichen Denken keinerlei Rolle mehr spielt, ein anerkannter Glauben war.

In den Lehren der Frühkirche gibt es bestimmte Teile, die man dahingehend auslegen könnte, dass ein Wiedergeburtsglauben mit dem christlichen Glaubensbekenntnis vereinbar sei. Darum habe ich mir die Freiheit genommen, über diesen Punkt mit verschiedenen christlichen Priestern und führenden Vertretern der Kirche zu sprechen – natürlich hatte ich nicht die Gelegenheit, Seine Heiligkeit Papst Johannes Paul II. direkt zu fragen. Ansonsten habe ich jedoch viele verschiedene praktizierende Christen und christliche Priester darüber befragt.

Sie alle haben mir ziemlich einhellig gesagt, dass die christliche Lehrauffassung diesen Glauben an die Wiedergeburt nicht akzeptiert. Allerdings hat man mir keinen speziellen Grund dafür genannt, weshalb die Vorstellung der Wiedergeburt im weiteren Kontext des christlichen Glaubens und seiner Ausübung keinen Platz hat.

Im Mai 1992 jedoch in Australien, bei meiner letzten Begegnung mit Pater Bede Griffiths (ich habe ihn bei verschiedenen Gelegenheiten getroffen), richtete ich diese Frage an ihn. Unsere Begegnung habe ich noch lebhaft vor Augen. Er trug seine safran-gelben Sadhu-Gewänder, und es war ein sehr bewegendes Treffen:

Bede Griffiths sagte mir:

„Wenn man von der Wiedergeburt überzeugt wäre, so würde dies vom christlichen Standpunkt aus den Nachdruck auf den eigenen Glauben und seine Praxis untergraben. Wenn Sie glauben, dass dieses Leben, Ihr individuelles Dasein, direkt vom Schöpfer erschaffen wurde und wie ein Geschenk direkt von ihm kommt, wird dadurch zugleich ein ganz spezielles Band zwischen Ihnen als einem individuellem Geschöpf und dem Schöpfer geknüpft. Es besteht eine direkte, persönliche Verbindung, die Ihnen ein Gefühl der Nähe und eine Vertrautheit mit Ihrem Schöpfer gibt. Ein Glauben an die Wiedergeburt würde diese besondere Beziehung zu Ihrem Schöpfer untergraben."

Der XIV. Dalai Lama fand diese Erklärung zutiefst überzeugend.

Unmittelbar nach seiner Begegnung mit dem Dalai Lama in Australien schreibt mir Bede Griffiths mit Datum vom 2. Mai 1992 einen langen Brief und berichtet u.a.:

„Mein lieber Roland,

es wird Dich interessieren, dass ich hier in Perth einen höchst interessanten Dialog mit dem Dalai Lama hatte. Der Dalai Lama sprach über Frieden, Liebe und gegenseitiges menschliches Verstehen und machte auf die Zuhörer einen großen Eindruck. Er spricht mit großer Einfachheit und Aufrichtigkeit aus dem Herzen und hat offensichtlich alle anwesenden Menschen hier berührt.

Wir hatten ein langes, persönliches Gespräch, wir diskutierten über das Thema advaita *(Sanskrit: Nicht-Dualität), und ich legte ihm die mystische Tradition des Christentums dar. Verständlicherweise weiß er darüber sehr wenig, und so war er zutiefst interessiert.*

Wir hatten einen außergewöhnlichen Verständigungsgrad erreicht, er rückte nah an mich heran, hielt meine Hand und umarmte mich. Ich denke, es bedeutete sehr viel für ihn zu erfahren, dass ein Christ so offen für das Transzendente sein kann. Er hält immer das Christentum für eine Religion mit einem persönlichen Schöpfer Gott und versteht nicht, dass wir über Gott hinaus zur Gottheit vordringen können. ... Ich nehme an, dass meine Darlegungen ihn tief berührt haben. ... Er ist natürlich freundlich und liebevoll zu jedem, aber zwischen uns war etwas Besonderes. ... Alles in allem war die Erfahrung einzigartig, und ich fühle, dass wir ein sehr tiefes gegenseitiges Verständnis erreicht haben. ..."

Nach der Zusammenkunft in Perth begann für Bede Griffiths ein mehrwöchiges Australien-Programm, danach verbrachte er 3 ½ Monate in den USA. Seine umfangreiche Korrespondenz mit mir hatte sich über die Jahre zu einem Brief- Schatz angehäuft, der ein ganzes Buch füllen würde. Bede Griffiths hat mir nicht nur mündlich, sondern oft auch schriftlich sein Innerstes anvertraut, wofür ich ihm unendlich dankbar bin.

Das Buchmanuskript zu seinem letzten großen Werk *„UNIVERSAL WISDOM – A Journey through the Sacred Wisdom of the World"*, an dem wir seit September 1990 gemeinsam gearbeitet hatten, war nahezu fertig gestellt. Per Brief und Fax hatten wir in den Sommermonaten 1992 zwischen Europa und USA eine Fülle von Korrekturen ausgetauscht. Anfang September flog ich nach Kalifornien, um Bede Griffiths auf der letzten Etappe seiner USA-Reise zu begleiten. In San Francisco gründeten wir in seinem Beisein den **BEDE GRIFFITHS TRUST** und nach Vorträgen in Chicago, Kalamazoo, Three Rivers und im Vivekananada Monastery in Ganges/Michigan flogen wir am 13. September von Chicago über London nach München.

Bei uns in Kreuth erholte sich Bede Griffiths zunächst von dem anstrengenden Amerika-Programm der vergangenen 12 Tage und arbeitete bereits wieder an neuen Manuskripten, die er mir zur späteren Veröffentlichung übergab. Mit beneidenswerter Disziplin und Hingabe erledigte er täglich seine Korrespondenz von minimum 20 Briefen und Postkarten. Er war ein Meister in der umgehenden Beantwortung der eingehenden Post.

Bede Griffiths hat das von 1.250 Jahren benediktinischer Tradition geprägte Tegernseer Tal im Sinne des Ordensgründers **Benedikt von Nursia** durch seine mystische Erfahrung und hoffnungsfrohe Botschaft mit einem himmlischen Impuls versehen.

Ende September fand unter der Leitung von Bede Griffiths in Salzburg ein zweitägiges Zusammentreffen von Vertretern der Weltreligionen statt. Dieses Ereignis ist noch heute vielen Besuchern in eindrucksvollster Erinnerung. Am Abend des 25. September zunächst eine feierliche Liturgie in der Universitätskirche, bei der auch der Benediktinermönch **David Steindl-Rast** aus Kalifornien zu Gast war. Anschließend hält Bede Griffiths in der überfüllten Aula der Alten Universität einen großen Vortrag zur Versöhnung der Weltreligionen. Am Nachmittag des 26. September steht im romanischen Saal des Benediktinerstifts St. Peter in Salzburgs Altstadt ein mehrstündiger Dialog mit den Zuhörern auf dem Programm. Bei dieser Gelegenheit konnten alle Herzensfragen vorgetragen werden; der Meister hatte für jeden eine Antwort und konnte viele Probleme und Zweifel leicht aus dem Weg räumen.

Drei Tage später, am 29. September 1992, Bede Griffiths` letzter öffentlicher Auftritt in München. Vor mehr als 800 Besuchern führt der weise Mönch des **Sat-Chit-Ananda** Ashrams *Shantivanam* in der Münchner Benediktiner-Abteikirche St. Bonifaz einen Dialog mit dem englischen Naturwissenschaftler **Rupert Sheldrake** über das Thema **„Engel".**

Sheldrake, der von verschiedensten Kreisen als der *Galileo Galilei* des 20. Jahrhunderts bezeichnet wird, fasziniert seit Jahren durch seine Theorie der morphogenetischen Felder. Als er Ende der 70-er Jahre zum weiteren Studium nach Hyderabad/Indien ging, berichtete ihm jemand über den englischen Benediktinermönch Bede Griffiths, der im Süden des Landes in einem kleinen Ashram lebte. Als Sheldrake in Shantivanam ankam und dem Meister begegnete, beschloss er einige Wochen zu bleiben, und es wurden fast 18 Monate. In der besonderen Schwingungsatmosphäre des Ashrams schrieb Rupert Sheldrake sein Bahn brechendes Buch *„Das schöpferische Universum"*, das er Bede Griffiths widmete. Heute ist er Bestsellerautor und weltweit auf internationalen

Konferenzen und Kongressen gefragter Naturwissenschaftler.

Sheldrake`s großer Wunsch war stets, einmal mit Bede Griffiths zusammen in der Öffentlichkeit einen Dialog zu führen. Wir konnten **Rupert**, den ich Anfang September noch in Big Sur/Kalifornien traf, kurzfristig zu uns einladen und diesen Wunsch erfüllen. Am Tag des hl. Michael fand in München das legendäre Gespräch über die Engel statt, ein funkelndes Ereignis im schöpferischen Universum für jeden, der dabei gewesen ist.

Seit Jahren beschäftigte sich Bede Griffiths mit dem Gedankengut des englischen Physikers **David Bohm**, der als Einstein-Schüler und Bewunderer **Krishnamurtis** sehr bewegende Theorien über die implizite Ordnung entwickelt hatte. Bede Griffiths wollte nach Möglichkeit David Bohm auf seiner Rückreise nach Indien in London besuchen. Meine damalige Frau und ich hatten den bescheidenen und sympathischen Physiker zuletzt im September 1990 in Amsterdam getroffen. Den Besuchstermin in London für Anfang Oktober konnte ich schnell arrangieren, doch plötzlich verschlechterte sich der Gesundheitszustand von Bede Griffiths, dass es ihn zur sofortigen Abreise nach Madras mit einem Zwischenstopp in Rom drängte.

Am 6. Oktober verließ Bede Griffiths München, aber noch am Flughafen besprachen wir unsere weiteren Pläne, zumal wir unsere Familienreise in den Ashram für Dezember bereits gebucht hatten. Bede Griffiths kam nach den Strapazen der vergangenen Monate wohlbehalten in seinem indischen Zuhause an und entwickelte schnell wieder neue Reisepläne. Ende Oktober musste ich für einige Tage nach London und erfuhr bei einem Besuch bei Freunden, dass

David Bohm am 28. Oktober plötzlich gestorben war. Bohm arbeitete an jenem Tag in der Universität und rief gegen Mittag seine Frau an, dass er soeben die größte Entdeckung seines Lebens gemacht habe. Er wolle sich sofort ein Taxi bestellen, um ihr ausführlich zu berichten. Bei Ankunft vor seinem Haus stirbt David Bohm im Taxi und nimmt sein teuerstes Geheimnis mit ins Grab. Wie gern hätte sich der naturwissenschaftlich interessierte Bede Griffiths mit David Bohm Beobachtungen und Erfahrungen ausgetauscht.

Immer auf der Suche nach Büchern und Neuerscheinungen stieß ich in Watkins Bookshop auf ein förmlich druckfrisches Exemplar von **Sogyal Rinpoche's *„The Tibetan Book of Living and Dying"***, das erst vor wenigen Tagen auf den Buchmarkt gekommen war. In ahnungsvoller Voraussicht kaufte ich gleich zwei Ausgaben und begann noch in London das Studium des faszinierenden 400-Seiten-Werks. Beeindruckt hatte mich die Schönheit und Ästhetik der englischen Wortwahl und ich konnte mir kaum vorstellen, dass der Tibeter Sogyal Rinpoche, den ich von diversen Begegnungen kannte, inzwischen so exzellent die englische Sprache beherrschte, obgleich seine Englischkenntnisse ohne Frage hervorragend waren.

Der Herausgeber des Buches, **Andrew Harvey**, sagte mir zu diesem Zeitpunkt nichts. Zusammen mit unserem knapp dreijährigen Sohn Benedikt fliegen Christiane und ich Mitte November zunächst für zwei Wochen nach Sri Lanka. Auf diversen Exkursionen ins Landesinnere der traumhaften Pazifikinsel besuchen wir am 30. November bei Sonnenaufgang eine der schönsten Buddha-Statuen der Welt **Gal Vihara** in Polonnaruwa, drei Autostunden nördlich von Kandy.

Beim Anblick dieser Buddhas erlebte der berühmte Trappistenmönch **Thomas Merton** (1915-1968) Anfang Dezember 1968 seine große Erleuchtung. Und er schreibt in sein Tagebuch:

„Als ich diese Figuren betrachtete, wurde ich plötzlich fast mit Gewalt aus der üblichen, halbgebundenen Sicht der Dinge gerissen, und eine innige Klarheit, Helligkeit, die aus den Felsen zu strömen schien, wurde spürbar sichtbar. Die verrückte Offensichtlichkeit der liegenden Figur, das Lächeln Anandas, der mit verschränkten Armen dasteht (viel imperativer als da Vincis Mona Lisa, weil völlig einfach und geradeheraus).

Das ist es: da ist kein Rätsel, kein Problem und wirklich kein Mysterium. Alle Probleme sind gelöst, und alles ist klar, einfach deshalb, weil das, was wichtig ist, klar ist. Der Felsen, alle Dinge, alles Leben ist voller Dharmakaya ... alles ist Leere, und alles ist Mitleiden.

Ich weiß nicht, wann ich in meinem Leben je so ein Gefühl von Schönheit und spiritueller Stärke in einer ästhetischen Illumination habe zusammenlaufen sehen.

Mit Mahabalipuram und Polonnaruwa ist meine asiatische Pilgerreise ganz sicher klar geworden und hat sich selbst gereinigt. Ich meine, ich kenne und habe gesehen, wonach ich dunkel gesucht habe.

Ich weiß nicht, was noch auf mich zukommt, aber jetzt habe ich unter die Oberfläche geschaut, habe mich hindurchgebohrt, und ich bin durch Dunkelheit und Verborgenheit hindurchgelangt. Dies ist Asien in aller Reinheit."

Nur wenige Tage später, am 10. Dezember 1968 stirbt **Thomas Merton** im Alter von nur 53 Jahren an den Folgen eines elektrischen Stromschlags in Bangkok. Anlässlich einer asiatischen Mönchskonferenz, an dem u.a. auch der damals schon 70-jährige deutsch-japanische Jesuit und Zen-Meister **H.M. Enomiya-Lassalle** (1898-1990) teilnahm, hat der durch seine zahllosen Publikationen international bekannte **Trappist Father Louis** – so nannten ihn seine Mitbrüder von **Gethsemani Abbey** in Kentucky/USA – den letzten Vortrag seines Lebens zum Thema *„Marxismus und Perspektiven des Mönchtums"* gehalten.

Bede Griffiths war einige Male mit Thomas Merton in Amerika zusammengetroffen, bewunderte seine Schreib- und Redebegabung, bemängelte aber gleichzeitig sein geringes Maß an Disziplin. Pater Lassalle, der mit Merton bezüglich praktischer Fragen der Zen-Praxis zuvor korrespondierte hatte, traf den in Amerika verehrten Trappisten-mönch erst- und letztmalig in Bangkok und war nicht sonderlich beeindruckt. Ich hatte schon in den 80-er Jahren fast sämtliche Publikationen von Thomas Merton studiert und war besonders von seinem Erlebnis in Polonnaruwa tief berührt und spürte seitdem eine Sehnsucht, Gal Vihara zu besuchen. Mit amerikanischen Mitbrüdern von Merton bin ich wiederholt zusammenkommen, habe mit ihnen viel über die großartige Beschreibung der Erleuchtungserfahrung von Thomas gesprochen, aber keiner von ihnen war jemals auf seinen Spuren nach Sri Lanka gereist.

Thomas Merton war ein ruhe- und rastloser Gottsucher, der in seinem wunderschönen Kloster in Kentucky vergeblich um die Erleuchtung rang. Bede Griffiths befand sich, und das zeigt seine Lebensgeschichte, bei aller ernst-haften Suche stets im inneren und äußeren Gleichgewicht.

Wer seine Bücher liest und die mit ihm und über ihn gemachten Filme anschaut, wird augenblicklich von seiner von Sicherheit und Schönheit bestimmten Balance berührt. Thomas Merton hingegen widerspiegelt und bestätigt den unaufhörlichen, vielfach ruhelosen und schmerzvollen Prozess der Suche nach Gott und letztgültiger Wirklichkeit.

Seit 1990 bin ich einige Male in Polonnaruwa gewesen und habe diesen Frieden und Glückseligkeit ausstrahlenden Platz ähnlich wie Thomas Merton empfunden. In meinem Arbeitszimmer hängt eines meiner schönsten Fotos, wo unser kleiner Sohn **Benedikt** ganz allein, fröhlich spielend vor den wunderschönen Buddha-Figuren zu sehen ist. Ich bin sicher, dass ihn die Eindrücke in Sri Lanka, später in Indien, Ladakh und Australien, im Innersten für sein weiteres Leben geprägt haben.

Am 1. Dezember fliegen wir von Colombo nach Tiruchirapalli /Süd-Indien, von dort noch eine Stunde Autofahrt zum **Sat-Chit-Ananda Ashram** im Dorf Tannirpalli am River Cauvery, wo wir von Bede Griffiths und der Ashram-Gemeinschaft bereits erwartet werden. Bede Griffiths ist zum Glück in glänzender Verfassung und diskutiert bereits unmittelbar nach unserer Ankunft neue Vorhaben mit uns. Das nächste Reiseziel soll Olympia/Griechenland sein, wo wir zum Neujahrsfest 1993 zu einer internationalen Konferenz als Referenten erwartet werden. Am 2. Dezember besorgen **Father Christudas** und ich die Flugtickets, zunächst für den 27. Dezember: Madras-Frankfurt-München und nach dreitägiger Erholungspause in Kreuth Weiterflug nach Athen und Olympia.

Unser Gastgeschenk, ein Exemplar von Sogyal Rinpoche's Buch, liest Bede Griffiths in einer Nacht vollständig durch, ist glücklich, fasziniert und inspiriert. Als er die ersten Seiten des Buches nochmals anschaut und auf den Namen des Herausgebers stößt, sagt er plötzlich:

„Andrew Harvey wird in den nächsten Tagen mit einem australischen Filmteam anreisen, um in Interviews mit mir die Stationen meines Lebens zu dokumentieren. Ich persönlich kenne Andrew Harvey bislang nicht."

Sehr erlebnisreiche Tage im Ashram folgten. Unser Sohn war zum ersten Mal in Indien, ist von den Affen begeistert und schaut gebannt den Kokosnusspflückern zu, die barfüßig in rasantem Tempo die Palmen emporklettern. Das lebendige Treiben in den Dörfern und Städten, die oft unerträgliche Lautstärke auf den Straßen, die Farbenvielfalt, Armut und Elend und vieles andere mehr müssen wahrgenommen und verarbeitet werden.

Am 4. Dezember 1992 (genau an diesem Tag vor 24 Jahren hatte Thomas Merton in Polonnaruwa sein Erleuchtungserlebnis) empfängt der am 31. Januar 1990 in Tegernsee geborene **Benedikt António Kumar Ropers** während der morgendlichen Eucharistiefeier im Ashram aus den Händen von Bede Griffiths die erste heilige Kommunion. **Bede Griffiths, Father Christudas, Sister Marie-Louise** und **Sister Valsa** haben in einem offiziellen Dokument dieses Ereignis bestätigt und besiegelt. Dieser segensreiche Tag wird unseren Sohn durch sein Leben begleiten und ihn hoffentlich vor Einflüssen schützen, die ihn von Gott und dem ewig paradiesischen Zustand zu trennen versuchen. Am

18. März 1990 wurde Benedikt in seiner oberbayerischen Heimat von **Raimon Panikkar** getauft.

Am 5. Dezember 1992 reist das Filmteam aus Australien an. Wir kommen sehr schnell in intensivste Gespräche mit **Robin Wood, John Swindells** und **Andrew Harvey**, mit denen uns seither eine enge Freundschaft verbindet. Das Vorhaben klingt gewaltig, denn in nur zehn Tagen will das Team in langen Interviews mit Bede Griffiths und Aufnahmen vor Ort das ereignisreiche Leben des Mönchs, Propheten und Weisen einfangen.

Andrew Harvey, der im indischen Coimbatore geborene und in England erzogene Schriftsteller, mystische Poet und glanzvolle Erzähler, soll Bede Griffiths' Leben im Gespräch zum Leuchten bringen. Die allererste Begegnung zwischen dem jungen Andrew und dem alten Meister Bede Griffiths gestaltet sich zu einer wechselseitigen Liebeserklärung.

Andrew Harvey, der jüngste Oxford-Absolvent in der Geschichte der weltberühmten Universitätsstadt, sprüht vor Heiterkeit, Vitalität, Sensibilität und beeindruckt durch seine außergewöhnliche Intelligenz und sein glänzendes Wissen. Auch er hat ein Gastgeschenk für Bede Griffiths, das von ihm persönlich in ein sprachliches Kunstwerk verwandelte Buch von Sogyal Rinpoche, welches neun Monate später in Deutschland unter dem Titel *„Das Tibetische Buch vom Leben und Sterben – ein Schlüssel zum tieferen Verständnis von Leben und Tod"* erschien. Seither ist dieses Buch ein in viele Sprachen übersetzter Bestseller, in Frankreich führte es über Monate die Bestsellerliste an.

Andrew war überrascht, dass Bede Griffiths dieses erst vor wenigen Wochen in England herausgebrachte Buch bereits in den Händen und vollständig gelesen hatte. Und sogleich begannen sie einen Dialog über das 20. Kapitel des Buches *Die Nahtod-Erfahrung – eine Himmelsleiter?*, wo ein höchstinteressanter Bericht des englischen Mönches **Bede** aus dem 8. Jahrhundert nachzulesen ist. Und in den Schlussbetrachtungen dieses spirituellen Neo-Klassikers wird David Bohms naturwissenschaftliche Sichtweise des Universums besonders anerkennend herausgehoben.

Zwei Oxford-Absolventen begegnen sich, harmonieren spontan miteinander und öffnen ihre Herzen.

Am 10. Dezember machen Andrew Harvey und ich einen längeren Spaziergang am Flussufer. Wir verstehen uns sofort und teilen unsere Liebe für Bede Griffiths. Andrew berichtet von seinen zahlreichen Reisen in Klöster und zu Meistern und ist zutiefst davon überzeugt, in Bede Griffiths einen ganz großen Mystiker und Heiligen getroffen zu haben. Am Nachmittag dieses Tages halte ich für die Ashram-Besucher einen Vortrag über Leben und Werk von Thomas Merton, dessen Todes wir am 10. Dezember gedenken. Unser Sohn Benedikt hat interessanterweise am selben Tag Geburtstag wie der am 31. Januar 1915 im süd-französischen **Prades** zur Welt gekommene Thomas Merton. Prades ist später durch die alljährlichen Musik Festivals mit dem Cellisten **Pablo Casals** weltweit bekannt geworden.

Bede Griffiths, der während des Vortrags neben mir saß, war sehr zufrieden, dass Mertons beachtliches Lebenswerk immer wieder neu betrachtet und gewürdigt wird.

Am Abend beginnen die Vorbereitungen für eine intensive Filmwoche. An manchen Tagen steht Bede Griffiths acht Stunden und mehr zu Gesprächen und Drehszenen geduldig wie auch äußerst angeregt zur Verfügung. Der feinfühlige

Poet und Oxfordgelehrte Andrew Harvey spricht und versteht wie kein anderer die nuancenreiche Sprache des englischen Benediktinermönchs, der nun in Indien seine Heimat gefunden hat. Andrew öffnet auf zauberhafte Weise sämtliche Schatztruhen des Meisters und lässt durch sein Mitwirken die Schönheit und Strahlkraft von Dom Bede Griffiths unaufhaltsam aufleuchten. Die offensichtlichen Strapazen, die ständige Präsenz und Leistungsbereitschaft über Tage verkraftet Bede Griffiths im Zustand freudigster Erregung erstaunlich mühelos. Alle sind fasziniert von seinem phänomenalen Gedächtnis. Nahezu jede Textpassage zahlreicher Bücher rezitiert er auswendig.

Wir müssen leider am 11. Dezember nach Europa abreisen, freuen uns schon auf das gemeinsame Neujahrsfest mit Bede Griffiths in Griechenland und verabreden uns mit unseren neuen Freunden Andrew Harvey, Robin Wood und John Swindells zum Wiedersehen 1993 in London und Amerika.

Am 21. Dezember erreicht uns aus dem Ashram ein Telefonanruf, dass Bede Griffiths am Tag zuvor, dem 4. Advent, mit einem schweren Schlaganfall und einer Halbseitenlähmung ins Child Jesus Hospital in Tiruchchira-palli eingeliefert wurde. Die letztlich doch Kräfte verzehren-den Filmaufnahmen hatten noch einmal sämtliche Vitalre-serven des Mönchs und Mystikers Bede Griffiths mobili-siert. Das strahlende Lebenslicht beginnt zu verlöschen.

Am 19. Dezember war das Filmteam zufrieden abgereist, plante aber möglicherweise noch einmal Anfang 1993 zu kommen. Wir mussten aufgrund der Lage die Griechenland-Konferenz sofort absagen und auch bereits zugesagte

Termine in London. Bede Griffiths sollte Mitte Januar aus der Hand des englischen Kardinals Basil Hume eine sehr hohe Auszeichnung entgegennehmen, den **John Harriott Memorial Award**. Der mit 2.000 englischen Pfund dotierte Preis wird für herausragende Publikationen im Bereich religiöser Literatur vergeben. Ständig stehen wir in Telefon- und Fax-Verbindung mit dem Ashram in Indien wie auch mit London. Bede Griffiths hatte sich schon sehr gefreut, seinen langjährigen Freund aus gemeinsamer Studentenzeit in Oxford, **Martin Skynner,** noch einmal zu treffen. Allein die bis 1992 geführte Korrespondenz der zwei begabten Meister der Feder ist ein Buch wert, das als ein mit Wortreichtum gefülltes, literarisches Schatzkästlein vielen Lesern Freude bereiten würde.

Am 24. Dezember erhalten wir aus dem Ashram ein Fax, dass Bede Griffiths aus dem Hospital zurückgebracht wurde, nach wie vor halb gelähmt und über weite Strecken ohne Bewusstsein sei. In wachen Augenblicken spreche er über die Verwandlung seines Körpers innerhalb der nächsten fünf Tage. Er sei sehr glücklich und habe viermal nach Roland gerufen.

Noch am Heiligen Abend beschließen wir in unserer Familie, dass ich erneut nach Indien zurückfliegen sollte. Am 27. Dezember beginnt meine diesmal umständliche und lange Reise von München über Frankfurt, Paris, New Delhi, Bombay nach Madras und anschließender achtstündiger Autofahrt in den Ashram, wo ich am späten Abend des 28. Dezember eintreffe. Bede Griffiths erkennt mich sofort, wir wechseln einige Worte, und ich schlafe auf dem Boden seiner kleinen Hütte zu seinen Füßen ein.

Am 29. Dezember ist Dom Bede über lange Strecken gut ansprechbar. Seine Lähmung ist offensichtlich, das Sprechen fällt ihm schwer, aber seine Gedanken sind von erstaunlicher Klarheit. Ich habe das Gefühl, er möchte noch einmal ganz wichtige Dinge artikulieren und uns hinterlassen. Die Atmosphäre in seiner unmittelbaren Nähe ist derart wohltuend und friedlich, dass ich seine Krankheit nicht als Bedrückung empfinde.

Der Ashram ist überfüllt mit Menschen aus aller Welt, die bevorzugt um die Weihnachtszeit nach Shantivanam kommen. Bede Griffiths sitzt einige Stunden des Tages in einem Rollstuhl vor seiner Hütte, spricht aber kaum ein Wort und schläft viel. Die restliche Zeit verbringen wir zusammen in einer Intensität und Intimität wie selten zuvor. Es kommt mir so vor, als wenn wir ein ganzes Leben in drei Tagen zu vollenden hätten.

Bede Griffiths spricht viel von seiner Kindheit und erinnert sich plötzlich mit Schrecken an seine Klosterzeit in England. Die kerkerhaften Mauern bekommen bedrohliche Wirkkraft für ihn, und der jüngste Kurzaufenthalt im Hospital hat ihn an ein Gefängnis erinnert. Er betrachtet in eindrucksvollen Bildern sein zu Ende gehendes irdisches Dasein und sagt wiederholt, dass nur die vergangenen fünf Jahre für ihn sinnvoll waren. Seine Liebeszuwendungen, die nicht unbedingt seiner englischen Herkunft und Disziplin entsprechen, bekomme ich in reichem Maße zu spüren. Der 6-qm-Raum seiner Wohn- und Schlafhütte ist ein einziges Lichtermeer. Es gibt eigentlich keine Fragen, die man stellen müsste, denn alles scheint wie gelöst: **coincidentia oppositorum**, die Aufhebung der Gegensätze, von der Bede Griffiths so oft gesprochen hat. Und immer wieder versucht er deutlich zu machen, dass zwar sein Körper und seine Seele leide, nicht aber sein Geist. **Mahatma Griffiths**, der große Geist, der lebendige Atem, der Windhauch Gottes, der Wesensgrund von Dom Bede vereint sich mit dem göttlichen Wesensgrund.

Diese geschenkvollen Tage, die paradiesischen Augenblicke in der Nähe eines Heiligen werden mir in ewiger Erinnerung bleiben und veranlassen mich zu tiefster Dankbarkeit und Verantwortung für Bede Griffiths' Erbe.

Er übergibt mir sein Anfang Dezember beendetes und letztes handschriftliche Buchmanuskript *„Pathways to the Supreme"*, welches 1995 bei HarperCollins in London in Form eines Geschenkbuches erschien. Bede Griffiths autorisiert mich am 30. Dezember – seine Unterschrift ist trotz aller Behinderung unverändert gestochen scharf –, für ihn am 14. Januar 1993 in London den **John Harriott Memorial Award** entgegenzunehmen und die Dankesrede vorzulesen, die er in den nächsten Tagen konzipieren und diktieren wolle. Er legt mir weiterhin ans Herz, die **Gesellschaft zur Erneuerung des kontemplativen Lebens** mit Leben zu erfüllen und übergibt mir seine endgültige Fassung seines bereits in Kreuth angefertigten Dokuments.

Am Morgen des 31. Dezember nehme ich Abschied von Bede Griffiths, es sollte unsere letzte Begegnung sein. Er bat mich, in der von Father Christudas zelebrierten heiligen Messe die Predigt zu halten, und ich erinnere mich genau, wie ich von dem Platz aus, an dem Bede Griffiths gewöhnlich saß, in der überfüllten Kapelle des Sat-Chit-Ananda Ashrams über die tiefere Bedeutung von Opferung, Wandlung und Kommunion, den drei wesentlichen Elementen der

Eucharistiefeier sprach. Dieser dreifache Prozess von **Opferung** (= Aufgabe des Egos, völlige Hingabe, engl.: **total surrender**), **Wandlung** (=Verwandlung, Neuwerdung) und **Kommunion** (= gemeinsames Einswerden mit Gott, mit mir selbst und allen Menschen) ist ein ständiges trinitarisches Geschehen in jedem Augenblick unseres Lebens und kann nicht auf einen Sonn- oder Feiertagsgottesdienst verschoben und beschränkt werden. Wenn dieser göttliche Entfaltungsprozess im Tiefsten erlebt und integriert wird, bekommt das Leben seine ureigentliche Bedeutung.

Nicht traurig oder bedrückt, sondern beschenkt und glücklich fahre ich am Silvestermorgen mit dem Auto nach Madras. Ich erlebe noch kurz nach Mitternacht das Neujahrsfeuerwerk in Bombay und fliege in den frühen Morgenstunden des 1. Januar 1993 über Frankfurt nach München zurück. Neujahr 1993 auf zwei Kontinenten: Hochzeit von Ost und West !

Vier Tage später erhalte ich aus Kulittalai, dem benachbarten Dorf des Ashrams ein langes Fax mit der von Bede Griffiths diktierten Dankesrede für den 14. Januar 1993 in London. Erneut ein Meisterwerk von bestechender Klarheit und kaum zu übertreffender Offenheit. London, für mich seit vielen Jahren meine zweite Heimat, erlebe ich an diesem winterlichen Donnerstag besonders intensiv. Auf einem langen Morgenspaziergang durch den Hyde Park bereite ich mich innerlich auf die Feierlichkeiten vor.

Nicht weit von Londons berühmtem Kaufhaus **Harrod`s** entfernt werden im Gebäude von **Independent Television Commission** ca. 200 geladene Gäste zum Lunch erwartet. Kardinal Basil Hume würdigt in feinsten Worten das Lebenswerk seines Mitbruders Bede Griffiths. Und dann lese ich die Dankesrede vor, aus der ich nur wenige Passagen zitieren möchte:

> *„Wir kommen in ein neues Zeitalter. Der zentrale Punkt ist ein neues Verständnis des Universums, welches nicht länger als Bestehen von festen Teilchen, die sich in Raum und Zeit bewegen, wahrgenommen wird, sondern vielmehr als ein vom Bewusstsein durchdrungenes Energiefeld.*
>
> *Führend in dieser Entwicklung war der Physiker David Bohm, der als einer der ersten dem Bewusstsein im wissenschaftlichen Verständnis einen seriösen Platz eingeräumt hat. Auf dieser Ebene können sich Religionen künftig begegnen. ...*
>
> *Innerhalb des Christentums bleibt das Augenmerk auf das Geheimnis des Glaubens, welches Jesus das Mysterium des Königreich Gottes nannte. Der einzigartige Wert des Christentums ist in seiner profunden historischen Struktur begründet. Die Menschwerdung Jesu ist ein einzigartiges historisches Ereignis und Jesus eine einzigartige historische Person. Er verwandelte die Welt, indem er den Kosmos mit seiner Materie und seinen Prozessen zurück zum Ursprung führte, in die transzendente Wirklichkeit, die er Vater nannte. Das ist einzigartig.*
>
> *Gleichzeitig liegen die wesentlichen Begrenzungen des institutionalisierten Christentums in seinem Exklusivanspruch, der seinen kulturellen Hintergrund im alten Judentum hat. Heute sind wir in der Lage, für alle religiösen Traditionen der Welt offen zu sein, wo wir die Einheit in der Tiefendimension, die alle gemeinsam haben, erfahren. Und dies ist selbstverständlich die mystische Dimension. ...*

> *Wenn die alten Strukturen zusammenbrechen und die traditionellen Formen verschwinden, dann tritt genau in diesem Chaos eine neue Form, eine Struktur, eine neue Seins- und Bewusstseins-Ordnung zum Vorschein ...."*

Unmittelbar nach dieser Rede bat ich Kardinal Hume, mir handschriftlich in wenigen Worten Bede Griffiths' Leben und Wirken zu skizzieren. Dieses Zeugnis, welches zuvor kein hochrangiger Kirchenfürst in der Geschichte des Christentums über einen noch lebenden Mönch abgegeben hat, ist ein Beweis für die Einzigartigkeit eines der herausragenden spirituellen Meisters unserer Tage: für den Menschen, den Mönch und den Mystiker Bede Griffiths:

> *„Ich habe vor Dom Bede Griffiths stets den höchsten Respekt gehabt. Wenn wir für ihn in Dankbarkeit für sein Leben beten, können wir nur in Bewunderung vor dem Weg stehen, auf welchem er sein ganzes Leben und im Gebet für uns die Ursprünge aller Religionen erkundet hat. Dom Bede ist eine Quelle der Inspiration und Ermutigung für viele Menschen auf der ganzen Welt. Dom Bede ist ein Mystiker, der in tiefer Verbindung zu absoluter Liebe und Schönheit lebt. Dom Bede denkt und schreibt wie ein Schüler von Christus."*

Von London aus berichte ich Bede Griffiths umgehend von der Preisverleihung. Wenige Tage später erreicht uns aus Indien die traurige Nachricht von einem weiteren schweren Schlaganfall mit zusätzlichen Lähmungserscheinungen. Jetzt beginnt die endgültige Phase auf dem Weg zur großen Verwandlung und Vollendung.

Die aufopfernde Pflege im Ashram könnte nirgendwo besser sein. Wir werden zweimal pro Woche verständigt; Christiane, die als Ärztin wiederholt in Indien tätig war, gibt hilfreiche Ratschläge.

Im März besucht Raimon Panikkar den Freund Bede, mit dem er 1955 gemeinsam Sanskrit studiert hat, ein letztes Mal in Shantivanam. Der 1918 in Barcelona geborene Raimon Panikkar (die Mutter Spanierin, der Vater Inder), katholischer Priester, Theologe, Naturwissenschaftler und Philosoph, gehört zu den bedeutenden Universalgelehrten unserer Zeit. **Raimon Panikkar** ist durch seine intime Freundschaft mit Bede Griffiths' Vorgänger **Henri Le Saux (Abhishiktananda)** mit dem Ashram engstens verbunden. Viele der heute in Shantivanam benutzten Rituale gehen auf die Empfehlung und Einführung von Raimon Panikkar zurück.

Eine hochfiebrige Lungenentzündung Ende April 1993 und die Gluthitze mit Temperaturen von über 40°C beenden am Nachmittag des 13. Mai 1993 Bede Griffiths' irdisches Dasein. Er stirbt in den Armen von Father Christudas, seinem über mehr als 25 Jahre treuen Weggefährten.

Mehr als 2.000 Menschen aus der Umgebung nehmen an den beeindruckenden Trauerfeierlichkeiten teil; **Bischof Gabriel** von Tiruchchirapalli zelebriert zusammen mit Father Christudas das Requiem.

Der belgische Jesuitenpater und Gandhi-Freund Professor **Michael A. Windey,** der seit 1946 in Indien lebt und wirkt, kommt rechtzeitig zur Beerdigung (er ist mit dem Auto fast zwei Tage von Hyderabad unterwegs) und wirft für mich Blumen ins Grab, wie er mir später erzählte. Der damals 77-jährige Experte für den Wiederaufbau von Dörfern – mehr als 1.500 Projekte hat er realisiert und ist für sein unvergleichliches Wirken sehr hoch ausgezeichnet worden – zählt Mahatma Gandhi und Bede Griffiths zu seinen Lehrern und Vorbildern.

Aufgrund heftiger Regenfälle auf der Autofahrt von Madras nach Tannirpalli, kam ich am 15. Mai mit zwei Stunden Verspätung im Ashram an. Der Platz war wie leer geräumt und in eine friedliche Stille gehüllt, die mich sofort glücklich und zufrieden machte. zwei Nächte und insgesamt 1½ Tage habe ich ganz allein in Bede Griffiths' Hütte verbracht, in der er seit 1968 gelebt hatte. Alles erschien mir vollkommen gelöst und klar; kein Gefühl von Trauer oder Schmerz. Bede Griffiths war für mich präsent wie stets zuvor, und mir wurde das Wirken des Heiligen Geistes, von dem er so oft sprach, spürbar deutlich. Ich arbeitete an seinem kleinen Schreibtisch und verfasste Nekrologe für diverse internationale Zeitungen, die schnellstens per Fax nach Europa und Amerika auf den Weg mussten. Wenn ich aus dem Gitterfenster seiner Hütte schaute, offenbarte sich das ganze Ashramgelände als himmlisches Paradies. Zwei Tage später saß ich wieder an meinem gewohnten Arbeitsplatz in Kreuth.

Seit dieser Zeit haben wir im Zusammenhang mit dem Leben und Wirken von Bede Griffiths in vielen Teilen der Erde unvergesslich viel Schönes erlebt und wunderbare neue Freunde hinzugewonnen.

Für das Frühjahr 1994 war das Erscheinen von Bede Griffiths' großem Werk „*UNIVERSAL WISDOM*" geplant. Aus diesem Anlass habe ich dieses Buch erstmalig in

Oxford, dem Studienplatz von Bede Griffiths, vorgestellt. Mit viel Mühen ließ es sich arrangieren, am 12. Mai 1994, am Fest von Christi Himmelfahrt, in der Kirche des **Magdalen College**, wo Griffiths studiert hatte und mit seinem damaligen Tutor **C.S. Lewis** eine lebenslange Freundschaft schloss, die Buchpräsentation zu verwirklichen. Unser damals vierjähriger Sohn **Benedikt** war für mich einer der wichtigsten Zuhörer in der überfüllten Kirche. Bis weit nach Mitternacht habe ich mit Griffiths-Anhängern Gespräche geführt und Pläne gemacht. Am Tag darauf, dem 1. Todestag unseres verehrten Dom Bede, fahren wir in die nahe gelegene Benediktiner-Abtei **Priknash Abbey,** wo Alan Richard Griffiths im Dezember 1932 in den Orden eintrat und den Mönchsnamen Bede annahm.

Die herrliche Landschaft an diesem sonnigen Frühlingstag ist genau so, wie sie Dom Bede immer wieder begeisternd beschrieben hat. Wir werden im alten Trakt des Klosters untergebracht, und zwar in dem Zimmer, in dem Bede Griffiths seine ersten Mönchsjahre verbracht hatte. Aus dem Fenster blicken wir auf die traumhafte Baum- und Blumenlandschaft in noch unberührter Natur.

Im Rahmen der abendlichen Eucharistiefeier gedenken wir mit der Mönchsgemeinschaft und aus der Umgebung angereisten Besuchern des ersten Todestages von Bede Griffiths, der durch seinen Wagemut, seine visionäre Kraft und seinen unerschütterlichen Glauben für viele auf der Suche nach Gott und Wahrheit befindlichen Menschen eine Welt und einen Lebensraum eröffnet hat, der einmalig ist. Seine erstaunliche Belesenheit, sein stets verfügbares Wissen, seine tiefe mystische Dimension, seine hohe Toleranz, seine spürbare Liebe zu jedem waren die juwelenhaften Wesenszüge dieses vorbildlichen Menschen und göttlichen Meisters.

Bede Griffiths hat einen unschätzbaren Beitrag zur Erneuerung des kontemplativen Lebens in der Welt geleistet und mitgeholfen, für Menschen, die nach der letzten Wirklichkeit suchen, die Quelle des Seins wieder freizulegen.

Der Mönch und Mystiker Dom Bede ist ein Mann der *„ruhigen Weisheit und göttlichen Kontemplation",* wie man im zweiten Kapitel der *„Bhagavadgita"* nachlesen kann:

Arjuna:
Wie spricht ein solcher Mensch?
Benimmt er sich wie andere Menschen?

Krishna:
Wenn, o Prithas Sohn, ein Mensch den Wünschen, die
das Herz bewegen, entsagt hat und sich zur Ruh
gekommen den Frieden in sich selbst gefunden hat,
so hat er Yog` erlangt. Ein solcher Mensch wird nicht
von Gram betrübt, und kein Genuss belustigt ihn.
Er wird nicht mehr bewegt von Habsucht, Neid, Furcht
oder Zorn; er ruht in der Erkenntnis, die sein Glaube
bringt. Er ist ein Muni oder Heiliger;
Einsiedler nennt man ihn, weil er befreit von äußeren
Dingen in sich selber lebt.
Er ist an niemanden und nichts gebunden,
von Wünschen frei, im Unglück nicht verzagend,

*vom Glücke nicht erregt. Dies sind die Zeichen des
Menschen, der ein wahrhaft Weiser ist.
Wie die Schildkröte unter ihrem Schild die Glieder
einzieht, wenn Gefahr sich naht, so wendet er vom
Äußeren die fünf Sinne dem Innern zu.
Dies ist der Weisheit Zeichen. ...
Sieh! der Geist von dem, der seiner Sinne Sklave ist,
erkennt sein himmlisches, sein wahres Wesen nicht.
Für ihn ist keine Sammlung, keine Ruh` und keine wahre
Seligkeit. Er gleicht dem Schiff, das steuerlos vom Sturm
getrieben, dem Untergang entgegeneilt.
Doch wer vom Sinnlichen sich nicht bewegen lässt,
Herr seiner selbst in seinem Herzen ist, hat wahre
Weisheit. Wo für andere nur Dunkelheit herrscht,
sieht er den hellen Tag in seiner Seele; was den Nicht-
erleuchteten wie helles Taglicht scheint, das ist für
ihn, der es mit klarem Geistesaug' durchschaut,
der Nichterkenntnis tiefe Finsternis.
So ist der Heilige; und wie das Meer in seinem Schoß
die Flüsse aller Länder empfängt und doch in seinen
Grenzen bleibt, so ist der Weise: Aus dem Weltall strömt
der Sinne Blendwerk seiner Seele zu, doch es bewegt
nicht ihn, den Herrn der Sinne.
Von allem Sehnen frei, ist er der Meister und nicht der
Diener seiner niederen Lüste; von Hochmut frei und frei
vom Wahn des Selbstes hat er den Frieden.*

Das ursprüngliche Gesicht

Alle **ZEN**-Koans verweisen auf unser *„Gesicht, ehe unsere Eltern geboren waren"*, d.h. auf unser wahres Selbst. Das ist die Gesamtüberschrift über alle Fragen wie: *„Was bin ich?"*, *„Woher komme ich?"*, *„Was ist mein Lebenssinn, meine Bestimmung?"*

Jesus Christus sagt im Johannes-Evangelium 8,58:
> *„Amen, amen ich sage euch: noch ehe Abraham wurde, <u>bin ich</u>."*
> *„Very truly, I tell you, before Abraham was, <u>I am</u>."*
> *„Amen, amen dico vobis antequam Abraham fieret <u>ego sum</u>."*

In der lateinischen Bibelübersetzung, der **Vulgata**, finden wir das Verb *„fieret"* (3. Person, Imperfekt Konjuktiv von *fieri* = geschehen, entstehen; ein Verb, das aktivisch konjugiert und passivisch gebraucht wird. Merke: *fit* ist 3. Person Präsens Indikativ und heißt wörtlich = er/sie/es entsteht). Und Jesus sagt wörtlich:
> *„Noch bevor Abraham entstanden wäre, bin ich!"*

Er durchbricht die Kette der Anhaftungen an Präexistenzen seiner Vorfahren und fordert zur nur in der Gegenwart möglichen Seins-Erfahrung von: *„Ich bin"* heraus. Das erinnert an Philippus, der zu Jesus sagt: *„Zeige uns den Weg"*, und Jesus gibt ihm zur Antwort: *„Ich <u>bin</u> der Weg."* Und auch Martha, die sagt: *„Ich weiß, mein Bruder wird am Jüngsten Tag auferstehen"*, und Jesus entgegnet ihr: *„Ich bin die Auferstehung."*

Das ursprüngliche Gesicht ist frei von Vorurteilen, vorgefassten Begriffen und verfügt über die Qualität der LEERE. Die für das Absolute charakteristische Leere transzendiert jegliche Form und Dualität auf die Ebene des Seins, des *„Ich bin"*. Die Mystiker bezeichnen das als *„Wüste"*. Der Trappist Thomas Merton schreibt:

> *„Leere. Totale Armut des Schöpfers: doch aus dieser Armut entspringt alles."*

Hier öffnet sich die Quelle der frei fließenden Energie. Das, was nichts Einzelnes ist, ist die Quelle von allem.

Uneingeschränkt von äußeren Werten, ist es seiner selbst nicht bewusst. Und das ist unser natürlicher Geist, unser ursprüngliches Gesicht. Wie der Trappistenmönch **James Connor** (langjähriger Weg-Gefährte von Thomas Merton) so schön sagt:

> *„Der voll erleuchtete Geist, der ganz leer gewordene Mensch, birgt vollkommen das Universum in seiner Totalität in sich. Er ist fähig, alles aufzunehmen, ohne Vorliebe oder Vorurteil. Er spiegelt alles in seiner Einzigartigkeit wieder und schätzt jedes Einzelding als solches. Und er ist fähig, auf jedes so zu reagieren, wie es in jedem Umstand ihm entspricht. Eine derartige universale Verfügbarkeit ist nur dem ganz leer gewordenen Menschen möglich."*

Der spirituelle Meister fordert von seinen Schülern, die auf der ernsthaften Suche nach Erleuchtung sind, mutig den Raum der Leere zu betreten, der von ängstlichen, dogmatischen Glaubenssätzen verhafteten Menschen zum *„horror vacui"*, zum Schrecken vor der Leere wird. Doch diese

Leere, christlich gesprochen: *Kenosis*, d.h. völlige Ent-
äußerung, ist Voraussetzung für die Erfahrung der Fülle.

Der Mystiker, der Erleuchtete erfährt die absolute Wirklichkeit oder das absolute Sein. Die Wirklichkeit ist absolut
(losgelöst von aller Dualität); sie ist nicht relativ. Was nicht
relativ ist, kann keine Form haben, denn alle Formen sind
relativ zueinander.

Das absolute Sein (*„Ich bin"*) ist grenzenlos und
übersteigt Raum und Zeit auf die Ebene des ewigen Lebens,
ohne Anfang und ohne Ende. Gleichzeitig sprengt es auch
alle denkbaren Formen des Verstehens und ist folglich
unsichtbar (siehe **Raimon Panikkar: *„The Invisible Har-
mony"***), ewig, unvorstellbar und unaussprechlich.

Weil diese Wirklichkeit absolut ist, kann man ihr nicht in
einer Beziehung von Subjekt zu Objekt begegnen, sondern
muss sie sinnlich (entspr. dem lateinischen Wort *sapientia* =
Geschmack, Weisheit) erfahren. Würden wir sie als Objekt
erfassen (das allgemein übliche und tragische Verhältnis
zwischen Mensch und Gott), so würden wir sie als etwas
nehmen, was bedingt wäre durch uns selbst als Erkennende
und durch den Akt des Erkennens. Das würde seiner Natur
als Absolutem widersprechen und das Bewusstsein unver-
züglich entwerten. Das Bewusstsein muss darum von der Art
sein, dass in ihm die Dualität von Subjekt und Objekt
überschritten wird.

Einige beeindruckende Passagen aus dem Griffiths-Buch
*„Die Hochzeit von Ost und West – Hoffnung für die
Menschheit"*, Salzburg 2003 (neu übersetzt und heraus-
gegeben von Roland R. Ropers).

- Im Neuen Testament findet man weder Papsttum noch Episkopat oder irgendein anderes System der Kirchenverwaltung. Sie sind das Werk des griechischen und römischen Genius, die auf dem neuen Testament aufbauten. Jesus selbst gab der Kirche kein Verwaltungssystem.

- Die Tatsache, dass Rom zum Zentrum des Christentums wurde, ist ein Zufall der Geschichte, und der Bischof von Rom kam zu seiner derzeitigen Position erst nach vielen Jahrhunderten. Es gibt keinen Grund zu der Annahme, dass die gegenwärtige Struktur des Papsttums dauerhaft sein wird oder dass die Kirche im Kontext der künftigen Geschichte keine neue Struktur haben wird.

- Es ist ganz sicher, dass die Völker Asiens niemals das Christentum in seiner derzeitigen Form akzeptieren werden. Mehr als fünf Jahrhunderte missionarischer Tätigkeit haben die Vergeblichkeit dieses Versuches bewiesen. Das Christentum bleibt für die Völker des Ostens eine fremde Religion, die von westlichem Geist geprägt ist.

- Bis auf den heutigen Tag ist die große Stadt, ob London, New York oder Tokio, ein Symbol der Diesseitigkeit geblieben, ein Symbol für die Jagd nach Reichtum, Macht und Vergnügen, die den Menschen von Gott trennen.

- Die gegenwärtige Schöpfung wird nicht aufgelöst, sondern neu geschaffen. Alle verborgenen Kräfte der Natur und im Menschen, die in der gegenwärtigen Weltordnung unterdrückt sind, kommen zum Vorschein. Im Endzustand werden alle Beschränkungen und Behinderungen dieses gegenwärtigen Lebens überwunden sein, und die ganze Schöpfung wird in einen Zustand göttlicher Seligkeit treten. Dies ist die Rückkehr zum Paradies, die Wiederherstellung des ursprünglichen Zustandes von Mensch und Universum.

- Das Christentum kann heute als Religion nicht mehr wachsen, es sei denn, es gibt den einseitigen Hang zum rationalen männlichen der westlichen Kultur auf und gewinnt das weibliche intuitive Erkennen des Ostens wieder. Die Tatsache, dass Frauen in der Kirche nichts zu sagen haben, ist nur eines von vielen Zeichen männlicher Dominanz.

Jesus hat nicht die Kirche gepredigt,
sondern das Königreich Gottes!

München, 11. September 2007,
am 64. Geburtstag der Inderin Schwester **Valsa P. Deepam**,
die Bede Griffiths in seinen letzten Lebensmonaten intensiv
und liebevoll gepflegt hat und heute als Sannyasin in
einer kleinen Eremitage in Kerala / Süd-Indien lebt
und vom Geiste Bede Griffiths inspiriert ist.

N.B. :

Am **11. September 1893** hielt **Vivekananda** auf dem ersten Parlament der Weltreligionen in Chicago seine legendäre Rede.

Am **11. September 1992** (99 Jahre später) fuhr ich mit **Bede Griffiths** nach Fennville (nördlich von Chicago) in das dortige **Vivekananda Monastery**, wo Griffiths an 2 Tagen intensive Vorträge und Workshops hielt über den Geist des Ramaskrishna-Schülers **Vivekananda** (1863 – 1902). Vor 400 Zuhörern sagte Bede Griffiths an jenem 11. September 1992 geradezu prophetisch:

> *„Solange wir auf der Ebene der äußeren Religion mit ihren Dualismen von Zeit und Raum, Subjekt und Objekt, Gut und Böse, Wahrheit und Irrtum, Gott und Mensch bleiben, werden wir die Konflikte zwischen den Religionen nie überwinden, ja, nicht einmal die politischen Unterschiede. Nur innerhalb der mystischen Tradition jeder Religion können wir über die Gegensätze hinauskommen, ohne diese dabei zu verwischen oder zum Grund für die Trennung zu machen. Es geht darum, das Geheimnis der transzendenten nicht-dualistischen Wirklichkeit zu erfassen, denn nur in diesem lässt sich die Antwort auf alle Fragen der Menschen finden."*

Am **11. September 1999** erlebte unser Sohn **Benedikt** an einem strahlenden Spätsommertag die Skyline von New York, von der Aussichtsplattform des **WORLD TRADE CENTERS** aus.

Am **11. September 2001** hatte sich blitzartig die Geschichte der USA verändert

TEIL I

Bede Griffiths

DIE WELTRELIGIONEN

URSPRUNG DER NACHFOLGENDEN TEXTE

Roland R. Ropers inspirierte mich am 5. September 1990 in Kreuth/Tegernsee bei einem Spaziergang in der Naturschönheit der oberbayerischen Alpen, mein spirituelles Vermächtnis zur Versöhnung der Weltreligionen zu schreiben. Wir haben das Projekt *„UNIVERSAL WISDOM"* genannt.

Bereits in Kreuth begann ich mit meinen ersten handschriftlichen Notizen zu dem Werk, das ich Roland R. Ropers offiziell gewidmet habe. Im April 1991 vollendeten wir gemeinsam die Arbeit in meinem Ashram in Süd-Indien.

EINE Welt – EINE Menschheit – EINE Religion

Der Begriff der **einen** Welt, der **einen** Menschheit und der **einen** Religion, die auf der universellen Weisheit beruht, hat eine Bedeutung erlangt, als ein Weg, den katastrophalen Konflikten, die die heutige Welt spalten, zu entkommen.

Jenseits aller Gedanken, Gefühle und Vorstellungen gibt es ein inneres Heiligtum, das wir nur selten betreten. Es ist der Wesensgrund der Seele, wo alle Anlagen und Fähigkeiten ihre Wurzeln haben und welches das wahre Zentrum unseres Seins ist.

Es gibt einen Raum in unseren Herzen, in dem das gesamte Universum, Himmel wie auch Erde, enthalten ist. Feuer, Luft, Sonne, Mond und Sterne – alles existiert in unserem inneren Universum.

Wenn wir den Verstand mit all den Möglichkeiten des Messens, mit seinen Kategorien von Raum und Zeit, überschreiten, finden wir den wahren Grund des Universums. Dort sind alle Dinge nicht tote Materie, wie uns die westliche Wissenschaft lange gelehrt hat. Dort sind Leben und Intelligenz.

Der westliche Mensch hat sich nach außen gewandt zu der Welt der Sensationen und sich über Jahrhunderte im Außen verloren.

Die Zeit ist jetzt gekommen, sich nach innen zu wenden, den Herzens-Innenraum zu erforschen zu lernen und die lange und aufregende Reise in das Zentrum zu machen.

Verglichen damit ist die Erforschung des Monds und der Planeten ein Kinderspiel.

Die neue Welt, die wir suchen, ist die Welt der Auferstehung, und diese Welt ist bereits in uns, in unserem inneren Universum, gegenwärtig, denn *„das Königreich Gottes ist inwendig in Euch"* (Lukas 17, 21). Der Tod ist der Durchbruch zu einem neuen Bewusstsein, ein Bewusstsein, welches Körper und Seele überschreitet und den Bereich des Ewigen und Unbegrenzten öffnet. Wir können jetzt lediglich davon einen Schimmer erfassen, aber das Ewige ist in der Welt gegenwärtig.

> *„...Leid und Schmerz sind vergangen. Siehe, ich mache alles neu."*
>
> Offenbarung des JOHANNES, genannt Apokalypse, 21, 4-5

An diesem Bewusstseinssprung stehen wir heute:
Die Erkenntnis des Ewigen in der Gegenwart.

Die Weltreligionen begegnen sich heute auf eine Weise, wie es noch nie zuvor der Fall gewesen ist. Jede Religion hat sich in einer für sie typischen kulturellen Umgebung entwickelt: Der Hinduismus und Buddhismus in Indien, der Taoismus und Konfuzianismus in China, das Judentum und Christentum in Palästina, der Islam in Arabien.

Doch im Lauf der Zeit unterlag auch jede Religion einem Wachstum und dehnte ihren Einfluss aus. Der Hinduismus blieb zwar weitgehend auf Indien beschränkt, doch die Begegnung der Arier aus dem Norden mit den Draviden und anderen Stämmen der Urbevölkerung führte zu einem kontinuierlichen Wachstum und einer Bereicherung ihrer Religion durch neue Inhalte, die ihr universellen Charakter gaben.

In ähnlicher Weise führten die gegensätzlichen Traditionen des Taoismus und Konfuzianismus in China zur Entfaltung einer tiefen universellen Weisheit, die China in seiner Gesamtheit prägte.

Der Buddhismus verbreitete sich, ausgehend von Indien, nach Sri Lanka, Burma, Thailand und Vietnam und griff dann mit der Entstehung der Mahayana-Lehre auf Tibet, Korea, China und Japan über.

Der Ursprung des Judentums und Christentums lag in Palästina. Doch dehnte sich das Judentum in der „Diaspora" über den Nahen Osten, Europa und Nordafrika aus und schließlich über die ganze Welt. Das Christentum breitete sich zunächst westwärts über das Römische Reich und ostwärts nach Syrien, Mesopotamien und Persien, ja bis Indien und China aus, während es im Westen zur herrschenden Religion Europas und Amerikas wurde.

Der Islam trat, beginnend in seinem Ursprungsland Arabien, seinen Siegeszug westwärts durch Nordafrika bis nach Spanien und im Osten über Syrien, die Türkei und den Irak bis zum Iran, Indien und Indonesien an.

Mit der geographischen Ausbreitung der Religionen nahmen auch ihre Lehren eine höchst ungewöhnliche Entwicklung. Die primitive Mythologie der Veden differenzierte sich in Gestalt des Yoga, Vedanta und Tantra in ein komplexes System der Mystik und Philosophie, der ethischen Verhaltensregeln und eines gewaltigen Komplexes ritueller Vorschriften aus.

Der Buddhismus, dessen Lehre ursprünglich auf die Erlösung des Individuums im Nirvana beschränkt war, entwickelte sich zur Mahayana-Lehre der universellen Erlösung: Der Bodhisattva legte ein Gelübde ab, nicht eher ins Nirvana einzutreten, als bis ein jedes lebende Geschöpf gerettet war.

Im Judentum entstand in Gestalt des Talmud ein kompliziertes System von Gesetzesvorschriften und später, in der Kabbala, die erhabenste Mystik.

Das Christentum baute unter dem Einfluss griechischer Philosophie und römischen Rechtes ein umfangreiches rituelles und Dogmensystem auf, das die Geschichte Europas und Amerikas bestimmen sollte und sich später auch auf die europäischen Kolonien in Asien und Afrika erstreckte.

Der bemerkenswerteste Fall ist in mancher Hinsicht die Religion des Koran, die aufgrund ihrer Begegnung mit den Kulturen Syriens, Ägyptens, des Irak und Iran eine reich differenzierte eigene Kultur entwickelte und durch Einschmelzung der Philosophie des Plato und Aristoteles eine Philosophie und Theologie eigener Prägung hervorbrachte.

Doch trotz dieser ungeheuren Expansion aller Religionen tritt erst heute das Phänomen auf, dass sich die religiösen

Traditionen überall auf der Welt ungehindert durchdringen und Beziehungen zueinander aufnehmen, nicht im Sinne von Rivalität und Konflikt, sondern von Dialog und gegenseitiger Respektierung.

Eins der größten Bedürfnisse der heutigen Menschheit ist, die kulturellen Grenzen der großen Religionen zu überschreiten und eine Weisheit, eine Philosophie zu entdecken, die die Völker miteinander versöhnt und die Einheit, die ihnen bei aller Unterschiedlichkeit zugrunde liegt, sichtbar macht.

Diese Weisheit hat man die **Philosophia perennis** (Ewige Philosophie) genannt, die unvergängliche Weisheit, die sich in jeder Religion auf jeweils andere Weise ausdrückt.

Die Philosophia perennis entstand in einer entscheidenden Periode der Menschheitsgeschichte Mitte des ersten Jahrtausends vor Christus. Damals wurden die kulturellen Begrenzungen der alten Religionen erstmals durchbrochen, und eine letzte Wirklichkeit trat ins Bewusstsein der Menschen. Diese Wirklichkeit, die keinen ihr gemäßen Namen besitzen kann, da sie den Verstand übersteigt und sich in Worten nicht ausdrücken lässt, wurde im Hinduismus Brahman und **Atman** (der Geist) genannt, im Buddhismus **Nirvana** und **Sunyata** (die Leere), in China **Tao** (der Weg), in Griechenland das Sein *(einai)* und Jahwe *(ich bin)* in Israel.

Doch sind all das nur Worte, die auf ein unaussprechliches Geheimnis hinweisen, in dem der tiefste Sinn des Universums verborgen liegt, das aber kein menschliches Wort und kein menschlicher Gedanke ausdrücken kann.

In diesem Geheimnis liegt das Ziel allen menschlichen Strebens, die Wahrheit, die alle Wissenschaft und Philosophie zu ergründen sucht, die Seligkeit, in der alle menschliche Liebe ihre Erfüllung findet.

Es war der Hinduismus – oder besser die in sich sehr differenzierte Religion, die später als Hinduismus bekannt wurde –, in der sich der erste große Durchbruch ereignete. In den um 600 v. Chr. entstandenen **Upanishaden** erfuhr die alte Religion, die auf dem Feueropfer *(yajna)* beruhte, eine tief greifende Umwandlung durch die *Rishis* (Seher), die sich zur Meditation in die Wälder zurückzogen. Ihnen kam es nicht auf das rituelle äußere Feuer, sondern auf das innere Feuer des Geistes *(atman)* an. Sie entdeckten, dass es sich bei dem alten Brahman, der im Opfer verborgenen Kraft, um die im Universum verborgene Kraft handelte, und der Geist des Menschen, der *Atman*, das innere Selbst, wurde als eins mit Brahman, dem Geist des Universums, erkannt.

Etwas später verwarf **Gautama Siddharta**, der **Buddha**, sowohl die Mythologie als auch die Riten der Veden. Der Geist des Buddha durchdrang die erscheinenden Dinge, die er als vergänglich *(anitta)*, leidvoll *(dukka)* in dem Sinne, dass sie keine dauernde Befriedigung schenkten, und unwirklich *(anatta)*, also ohne Basis in der Realität, beschrieb, und gelangte zur unendlichen, ewigen, unveränderlichen Realität, die er *Nirvana* nannte.

In China gelang es dem Verfasser des **Tao Te King** (dem *„Buch vom Weg und seiner Kraft"*), wie es auch entstanden sein mag, über die konventionelle philosophische Ethik des **Konfuzius** hinauszugehen und das namenlose Geheimnis zu entdecken, das er *Tao* nannte, die erhabene Quelle aller Weisheit und Ethik.

In Griechenland gingen **Sokrates** und **Plato** weiter als alle bisherigen Philosophen, die den Ursprung der Welt in materieller Substanz, sei es Wasser, Luft, Feuer oder den vier Elementen gemeinsam, gesucht hatten, und erwachten zur Wirklichkeit des Geistes als der dem materiellen Universum und der menschlichen Persönlichkeit gemeinsamen Quelle.

Schließlich offenbarten die hebräischen Propheten, in konsequenter Ablehnung der Götter der alten Welt, die Gegenwart eines transzendenten Wesens, dessen einziger Name *„Ich bin"* war, *„Ich bin"* als die höchste Persönlichkeit, als Herr des Universums. So wurde in Indien, China, Griechenland und Palästina fast zur gleichen Zeit die letzte Realität, jenseits aller Veränderungen der Zeitlichkeit, für die Menschheit entdeckt.

Im Lauf der Jahrhunderte wurden diese grandiosen Einsichten von Philosophen und Theologen über einen Zeitraum von mehr als tausend Jahren zu großen Lehrsystemen ausgebaut.

In Indien entwarf **Shankara** im 9. Jahrhundert n. Chr. das in sich geschlossene System des *Vedanta*, das sich dann bis zur Gegenwart in verschiedenen philosophischen Systemen entfaltete. Im Buddhismus schuf **Nagarjuna**, der Brahmanen-Philosoph aus Südindien, ein begriffliches System, das später die Grundlage für die Mahayana-Lehre Chinas und Tibets bilden sollte. In China entstand aus Taoismus und Konfuzianismus, die sich Jahrhunderte lang gegenseitig befruchteten, das neokonfuzianische System, das bis zum Auftreten des Marxismus vorherrschte. In Griechenland führte die neue Sichtweise des Sokrates und Plato zum Neoplatonismus des **Plotin** und übte entscheidenden Einfluss auf das entstehende Christentum und den Islam aus. Die griechischen Kirchenväter **Clemens, Origenes** und **Gregor von Nyssa** entwickelten, auf den mystischen

Einsichten von **Paulus** und **Johannes** aufbauend, unter dem Einfluss des Neoplatonismus eine tief mystische Theologie, die sich in den großen mystischen Traditionen des Mittelalters fortsetzte. Schließlich erlebte auch in Israel und im Islam die Religion der Patriarchen und Propheten eine einschneidende Veränderung, als sie auf die Traditionen Griechenlands und des Orients traf.

In jeder Religion geschah es also, dass sich aus vergleichsweise einfachen Anfängen umfangreiche und komplexe philosophische Systeme entwickelten, die bei allen Unterschieden doch wesentliche Gemeinsamkeiten aufwiesen.

Die allen diesen Systemen gemeinsame Philosophie, die in fast allen Teilen der Erde bis ins 15. Jahrhundert vorherrschte, wurde indessen in Europa im 16. Jahrhundert von einem neuen philosophischen System, beruhend auf den Ergebnissen der westlichen Wissenschaft, abgelöst.

Doch heute beginnt sich diese Philosophie der westlichen Wissenschaft, infolge der neuen Entwicklungen der Wissenschaft, in Gestalt von Relativitätstheorie und Quantenphysik ihrerseits aufzulösen. Die Folge ist, dass der modernen Welt eine grundlegende Philosophie überhaupt, die dem Leben einen Sinn geben könnte, fehlt. Es besteht die Gefahr, dass die menschliche Existenz jede Bedeutung und jedes Ziel verliert.

Nimmt man nun noch die Verwüstungen hinzu, die die westliche Technik auf unserem Planeten angerichtet hat und die unsere Umwelt, von der unsere Existenz abhängt, gänzlich zu zerstören drohen, liegt auf der Hand, dass, was die Menschheit heute am meisten braucht, eine Philosophie, eine universelle Weisheit ist, die die Menschheit einen und uns Kraft geben könnte, uns mit den von der westlichen Wissenschaft und Technik produzierten Problemen wirklich auseinanderzusetzen.

Die Religionen der Welt als solche können dieses Bedürfnis nicht befriedigen, denn sie sind selbst zum Bestandteil des Problems der geteilten Welt geworden. Die einzelnen Weltreligionen – Hinduismus, Buddhismus, Judentum, Christentum und Islam – müssen die alte Weisheit, die ihnen überkommen ist, erst wieder entdecken. Und diese Weisheit muss heute im Licht der Erkenntnisse interpretiert werden, die uns die westliche Wissenschaft vermittelt hat.

Die Menschen müssen sich heute daran gewöhnen, über die Heiligen Schriften **aller** Weltreligionen nachzudenken.

Keine Religion darf mehr für sich allein stehen.

Jede Religion hat eine lange geschichtliche Entwicklung hinter sich, und wir werden uns jetzt der Tatsache bewusst, dass sie zwar alle aufeinander bezogen sind, doch auch jede einzelne ihre eigene, spezifische Sicht auf die letzte Wahrheit und Wirklichkeit besitzt.

Indem wir uns auf diese Texte besinnen, erweitern wir unseren Blick. Wir sehen dann unsere eigene Religion in einem neuen Licht und erkennen allmählich, wie die Menschen sich gegenseitig besser verstehen könnten, bis hin zu jener Einheit, die unser gemeinsames Ziel ist. Das erfordert einen gewissen Abstand von unserer eigenen Kultur und Religion, die Anerkennung der Tatsache, dass sich in jeder Religion auch ein Wandel vollzieht und vollzogen hat, und die Öffnung von Herz und Haupt für die transzendente Wahrheit, die sich in jeder ursprünglichen Religion offenbart.

Gleichzeitig aber müssen wir auch auf die Änderungen Rücksicht nehmen, die die westliche Wissenschaft, sei es Physik, Biologie, Psychologie, Soziologie oder Metaphysik, mit sich gebracht hat.

Allein die geduldige Besinnung auf die Texte der Philosophia perennis kann uns die Einsicht geben, die wir brauchen, und uns zeigen, welche Änderungen in unserem eigenen Leben stattfinden müssen.

Nur dann können wir hoffen, die Einheit an den Wurzeln der Menschheit, unter allen Unterschieden der Oberfläche, zu verwirklichen und unsere Solidarität mit dem weiten Weltall wieder zu entdecken, das uns als unsere Heimat geschenkt wurde und für das wir verantwortlich sind.

DER URSPRUNG DER RELIGION

Die vergleichende Religionswissenschaft ermöglicht uns, vor allem wenn sie, wie es **Mircea Eliade** getan hat, die prähistorischen und Stammesreligionen miteinbezieht, hinter die spätere Entwicklung der Religionen zurückzugehen und die Grunderfahrung aufzusuchen, aus der alle Religion entspringt. **Rudolf Otto** ist in seinem Buch *„Das Heilige"* der Entdeckung dieser verborgenen Quelle der Religion sehr nahe gekommen. Menschen, die staunend vor der geheimnisvollen Weite des Universums stehen, werden sich dessen bewusst, was Otto *„mysterium tremendum et fascinans"* nennt.

Zunächst also geht es um ein *„Mysterium"*. Mit dem Unbekannten konfrontierte Menschen wurden unweigerlich von Ehrfurcht erfüllt: Nicht von Furcht vor dem Unbekannten, sondern von einem Gefühl für die ungeheure Weite und Unergründlichkeit der Welt um sie herum. Die Welt war furchtbar – *tremendum* –, aber auch faszinierend – *fascinans*. Sie zwang den Menschen gleichsam, sie zu erforschen, ihre Unendlichkeit zu ergründen. Sie erweckte Sehnsucht in ihm, Verlangen, Heimweh nach etwas Unerklärlichem.

In späteren Zeiten überkam entwickelteren Menschen in Gegenwart der Natur dasselbe Gefühl der Ehrfurcht. Besonders während der Romantik in England und Deutschland im 19. Jahrhundert wurde dieses Gefühl eines ursprünglichen Mysteriums in Dichtern und Philosophen lebendig. Und noch vor dieser Zeit rief **Blaise Pascal**, der mathematische Genius, aus:

„Le silence éternel de ces espaces infinis m'effraye".

„Das ewige Schweigen dieser unendlichen Räume macht mich fürchten"

Und **Immanuel Kant** erhob sich über alle Abstraktionen seiner Philosophie in Gegenwart *„des gestirnten Himmels über mir und des moralischen Gesetzes in mir"* zu dieser Ehrfurcht.

Es ist sehr wichtig, sich den non-dualen Charakter dieses Mysteriums bewusst zu machen. Von **René Descartes** und den Wissenschaftlern des 17. Jahrhunderts ist uns der Glaube überkommen, die Welt sei in eine physische Welt außerhalb von uns und eine innere Welt subjektiver Erfahrung geteilt – Descartes nannte diese beiden Welten *„res extensa"* – ausgedehnte Substanz, und *„res cogitans"* – denkende Substanz. Aber wir erkennen heute, dass diese Teilung eine Illusion ist. Sie geht im Grunde noch weiter hinter Descartes und die westliche Wissenschaft bis auf die griechischen Philosophen des 6. und 5. Jahrhunderts v. Chr. zurück. Damals wurde das rationale, analytische Denken geboren, und es entstand die Vorstellung von einer Trennung zwischen Geist und Materie.

Vor dieser Zeit sah die Menschheit als ganze die Wirklichkeit noch als eine Einheit. Wie weit wir in der Religionsgeschichte auch zurückgehen, überall finden wir die Auffassung vom Universum als einem integrierten Ganzen. Die Menschheit fühlte sich eins mit der Natur und mit dem universellen Geist, der die menschliche und physische Welt, Pflanzen und Tiere, Erde, Himmel und Meer durchdrang. Dies ist die ursprüngliche Sicht auf das Universum, wie sie sich in allen alten Religionen widerspiegelt

Mircea Eliade hat gezeigt, dass auch heute noch in den Stammesgesellschaften allgemein an eine kosmische Kraft geglaubt wird, die sich sowohl in der Natur als auch im Menschen manifestiert.

Bei den Bewohnern der melanesischen Inseln heißt sie *„Mana"*. Sie zeigt sich in der gesamten Schöpfung, insbesondere aber in außergewöhnlichen Erscheinungen wie Donner, Blitz oder Gewitter und in menschlichen Persönlichkeiten, die über besondere Kräfte verfügen, etwa Schamanen oder Häuptlingen, außerdem in den Geistern der Ahnen und den Seelen der Toten.

Diese Kraft wirkt im ganzen Universum, bricht aber sozusagen bei bestimmten Menschen und in besonderen Ereignissen durch. Daraus entsteht ein Glaube an eine göttliche Welt, eine Welt der Geister, die die Natur regiert und die Fruchtbarkeit der Erde und den Wechsel der Jahreszeiten verursacht. Man stellt sich vor, diese Geisterwesen seien mit unendlichem Vorauswissen und Weisheit begabt. Auch ist die allgemeine Überzeugung, die sozialen Verhaltensnormen und oft auch das Stammesritual seien von ihnen eingesetzt.

All dies, so betont Mircea Eliade, ist nicht Ergebnis rationalen, logischen, schlussfolgernden Denkens, sondern entspringt dem Erleben des *„Heiligen"*. Dies wird zur Gegebenheit des menschlichen Bewusstseins, sobald sich die Menschheit selbst entdeckt und sich Rechenschaft über ihre Stellung im All abzulegen versucht. Es handelt sich nicht um Erzeugnisse des bewussten Denkens, sondern um Erfahrungen des ganzen Menschen, vermittelt durch die Rituale und Gebräuche des Stammes und geoffenbart zum Zeitpunkt der Initiation.

Wir stoßen hier auf den fundamentalen Unterschied zwischen dem Denken des westlichen Menschen und dem der Alten. Ich sage *„westlicher Mensch"*, weil diese Entwicklung typisch ist für eine männlich geprägte, patriarchalische Kultur. Seit der Zeit der alten Griechen ist der Mensch des Westens immer als *„rationales Wesen"* beschrieben worden, das heißt als ein Wesen mit Körper und Seele, als dessen größte Errungenschaft die Fähigkeit des Verstandes gilt. Für den modernen westlichen Menschen ist das rationale, analytische, logische, mathematische Denken die für den menschlichen Verstand charakteristische Fähigkeit, und keine Erkenntnis wird als wissenschaftlich eingestuft, die nicht auf diesem Denken beruht. Doch diese Art der Erkenntnis ist weitgehend nur das Produkt der letzten drei Jahrhunderte im Westen. Sie war der Menschheit in den Tausenden von Jahren ihrer Frühgeschichte ganz unbekannt.

Wie von **Jaques Maritain** ausgeführt, stand das Denken des primitiven Menschen, das heißt des Menschen vor dem Zeitalter des Verstandes, unter dem Primat der Imagination. Die Imagination, die Fähigkeit, Bilder zu erzeugen, ist der Weg, auf dem auch heute noch die meisten Menschen zu einem Wissen über die Welt gelangen. Wir alle machen uns Bilder von den Menschen und Dingen um uns herum, und durch diese Bilder gelangen wir zu einem Wissen über die Welt.

C.G. Jung hat gezeigt, wie dieser Prozess abläuft und wie sich der Mensch durch Bilder und Archetypen des Unbewussten von den frühesten Zeiten an ein Wissen von der Welt verschafft. Die typische Ausdrucksweise der Imagination ist der Mythos.

Im Mythos liegt die Quelle allen Wissens und aller Religion.

Auch heute noch ist das Denken der Inder von den großen Mythen des **Ramayana** und **Mahabharata** geprägt, die jetzt, im Jahr 1991, im Fernsehen gezeigt werden, so wie sie früher in den Dörfern ganz Indiens vorgetragen und dargestellt wurden. Und Christen auf der ganzen Welt leben immer noch aus den großen Mythen der Bibel – der Schöpfung und dem Fall, dem Exodus und dem gelobten Land, dem Messias und seinem Reich. In diesen großen Mythen ist tiefe Weisheit enthalten, eine Weisheit, die das menschliche Leben führt und gestaltet.

Doch ist es eine Weisheit, in der das Verstandesdenken nur implizit, nicht explizit enthalten ist. Das Verstandesdenken arbeitet mit Abstraktionen. Es holt gleichsam den rationalen Begriff, der in der Imagination steckt, daraus hervor. Die Weisheit der großen Dichter, eines **Homer, Vergil, Dante** oder **Shakespeare**, ist imaginative Weisheit, eine Weisheit, die die Realität nicht durch abstrakte Begriffe, sondern durch anschauliche Bilder begreift. Genauso ist es mit den großen Schriften der Religionen, den **Veden**, dem **Koran**, der **Bibel**. In ihnen allen wird die Wirklichkeit nicht in Begriffen des abstrakten Verstandes mitgeteilt und geoffenbart, sondern in der lebendigen Sprache der Imagination, die nicht nur das analytische Denken, sondern auch Sinne, Empfindungen und Phantasie anspricht.

Die Grundlage aller Mythen ist das Symbol. Ein Symbol wird als *„Zeichen"* definiert, das dem menschlichen Bewusstsein die Wirklichkeit vergegenwärtigt. Das offensichtlichste Beispiel dafür ist das Wort. Was einen Menschen vom Tier unterscheidet, ist die Fähigkeit der Sprache. Jedes menschliche Kind verfügt über diese Fähigkeit, und sich selbst überlassen, wird es sich selbst seine eigene Sprache erfinden. Das ist ein Grund für die verwirrende Sprachvielfalt bei den so genannten Primitiven. Jeder kleine Stamm will über seine eigene Sprache verfügen, und es dauert immer sehr, sehr lange – sogar heute noch –, bis eine gemeinsame Sprache unter mehreren Stämmen etabliert werden kann.

Aber Worte in ihrer ursprünglichen Bedeutung vergegenwärtigen konkrete Wirklichkeit. Erst in einem sehr späten Stadium – wie wir gesehen haben im ersten Jahrtausend v. Chr. – entstand das abstrakte Denken und repräsentierten Worte abstrakte Ideen. Auf den Frühstufen menschlicher Existenz aber vergegenwärtigten Worte konkrete Realität, das heißt machten sie dem Bewusstsein gegenwärtig. Bewusstsein selbst ist nur die Fähigkeit, sich die Welt, die wir durch unsere Sinne erfahren, zu vergegenwärtigen – das heißt sie sich „gegenwärtig" zu machen. Das ist der Grund, weshalb das Hebräische, besonders in den Psalmen, stets konkrete Ausdrücke verwendet und zum Beispiel sagt:

„Meine Zunge soll dich mit fröhlichen Lippen preisen".

Alle alte Sprache ist auf diese Weise konkret. Worte machen dem Bewusstsein die konkrete Welt, die uns umgibt, gegenwärtig.

Aus diesem Grund ist der Mythos die typische Sprache des archaischen Denkens. Der Mythos vergegenwärtigt die Realität der Welt, der der Mensch begegnet, in konkreten Begriffen. Die *„Archetypen des Unbewussten",* von denen Jung spricht, sind nur konkrete Bilder der Welt, wie sie dem menschlichen Bewusstsein begegnet. Aus diesen archetypischen Symbolen, die aus dem Unbewussten aufsteigen und vom Mythos zu Bewusstsein gebracht werden, steigt alle menschliche Erkenntnis auf, und abstrakte Begriffe sind nur Verarbeitungen dieser ursprünglichen Bilder durch den menschlichen Verstand. Doch während sie ins Bewusstsein treten, werden diese Bilder von der Intelligenz erhellt. Sie geben dem Leben Sinn und befähigen den Menschen, die Welt, in der er lebt, zu verstehen – ihr *„gegenüberzustehen"* – und sich dadurch auf sie zu konzentrieren.

In jeder entwickelten Sprache wird zwischen Verstand und Vernunft, zwischen *ratio* und *intellectus,* zwischen *dianoia* und *nous* unterschieden – in Indien zwischen dem *manas* und der *buddhi. Manas* ist der messende Verstand, von der Wurzel *„ma",* die sich auch im *„Mond",* der die Zeit misst, findet und in *„Materie",* die den Raum misst. Doch über den Manas hinaus geht die Buddhi, die Quelle des Lichtes (der Buddha ist der Erleuchtete), die Vernunft, die Ein-Sicht besitzt, die in die Wirklichkeit „hineinsieht". Die Seher der Veden wurden *Rishis* genannt, weil sie über diese Einsicht verfügten.

Die Vernunft ist die Fähigkeit, die erkennt, nicht nur schließt oder Hypothesen bildet, sondern das Wirkliche durch direktes Reflektieren über sich selbst begreift. Der menschliche Geist hat über die Verstandeskraft hinaus die Kraft, über sich selbst zu reflektieren, sich selbst in seinen Handlungen zu erkennen. Wir alle reflektieren ständig über unsere Handlungen und unsere Erfahrungen, und diese Reflexion vermittelt uns direkte Erkenntnis unseres Selbstes und unserer Umgebung. Der Verstand kann diese Erkenntnis durch Logik, Analyse und Mathematik weiterentwickeln und auf diese Weise eine wissenschaftliche Methodik aufbauen. Aber die ganze Struktur der Wissenschaft beruht auf der anfänglichen Erkenntnis, der ursprünglichen Erkenntnis des Selbstes in seiner Reflexion auf seine Handlungen. In gewissem Sinne hatte **Descartes** Recht, als er sagte: *„Ich denke, also bin ich"*. Aber er irrte sich, als er das Denken auf den Verstand einschränkte. Denken heißt: Über sich selbst zu reflektieren, sich selbst in der Totalität seines *In-der-Welt-Seins* zu begreifen.

An dieser Stelle tritt die Imagination in Funktion. Die Imagination reflektiert die Welt nicht mit Hilfe abstrakter Begriffe, sondern mit Hilfe von Bildern, die uns die Realität in ihrer konkreten Existenz vergegenwärtigen. Diese Eigenschaft veranlasste **Samuel Taylor Coleridge** in seiner *„Biographia Literaria"*, von der Imagination als *„der lebendigen Kraft und der ersten Instanz aller menschlichen Wahrnehmung"* zu sprechen, einer *„Wiederholung des ewigen Schöpfungsaktes, der vom unendlichen „Ich bin" im endlichen Bewusstsein vollbracht wird"*.

Die ganze Schöpfung ist ein Akt der Imagination im göttlichen Geist, ein Bild der ewigen Realität, die uns in dieser Gestalt vergegenwärtigt wird. Im selben Sinne konnte **William Wordsworth** von der Imagination sagen:

„Die Phantasie, sie ist in Wahrheit doch ein Name nur für absolute Macht, für klarste Einsicht, und für Geistesfülle. Verstand ist lediglich ihr höchster Ausdruck".

Der Geist des Westens hat im Großen und Ganzen die Imagination immer als eine minderwertige Kraft angesehen, der höheren Kraft des Verstandes untergeordnet. Doch wie **Coleridge** betrachteten **Wordsworth** und **Goethe** die Imagination, das heißt die schöpferische Imagination in Kunst und

Dichtung, als dem normalen Gebrauch des Verstandes überlegen.

Im großen Dichter wie auch in den Propheten und Sehern der Religion wird der logische Verstand transzendiert und zum Instrument einer höheren Fähigkeit des Geistes.

Heute ist uns der Unterschied zwischen der rechten und linken Gehirnhälfte bewusst geworden, und wir erkennen, dass die linke Gehirnhälfte, mit ihrem linearen Denken, nur Teil des ganzen Gehirns ist, das Einsicht in die gesamte Realität schenkt.

Dadurch sind wir auch zu neuen Erkenntnissen in Bezug auf die Bedeutung der alten Mythen und die Werte primitiver Religionen gekommen. Die Menschen alter Zeiten dachten nicht nur mit einem kleinen Teil ihres Gehirns, wie wir es gelernt haben. Sie erlebten die Welt in ihrer Totalität mit der Totalität ihres Wesens. Ein Mythos ist keine Erfindung der Phantasie über den Beginn der Welt oder irgendein göttliches Geschehen. Er ist die konkrete Vergegenwärtigung der Realität der Welt, wie sie sich der Imagination darbietet, wobei sie alle Fähigkeiten des Menschen miteinbezieht. Um den Mythos verstehen zu können, muss man in eine Möglichkeit, die Welt als ganzes zu erleben, initiiert worden sein, denn nur so lässt sich die Bedeutung des menschlichen Lebens erfassen.

Heute suchen wir wieder nach einem Mythos, der unserem Leben Sinn geben könnte, da uns der Mythos der westlichen Wissenschaft betrogen hat. Die westliche Wissenschaft hatte den Mythos eines Universums entworfen, das aus festen, sich in Raum und Zeit bewegenden, mathematischen Gesetzen gehorchenden Körperchen besteht, doch dieser

Mythos ist inzwischen in sich zusammengebrochen. Die Wissenschaft selbst hat entdeckt, dass Materie Energie ist, und Zeit und Raum sind nur Begriffe, durch die wir unsere Wahrnehmungen der materiellen Welt zu ordnen versuchen. Das Universum erscheint uns jetzt als ein weiter Ozean von Energie, organisiert von einer Intelligenz, deren Widerspiegelung unsere menschliche Intelligenz ist.

Wir kommen also zu der alten Auffassung von Materie als Energie zurück – *dynamis* in der Terminologie des **Aristoteles** –, durch Intelligenz *(nous)* in *„Formen"* oder *„morphogenetischen"* Feldern organisiert, wie sie **Rupert Sheldrake** genannt hat, die das Universum strukturieren. Das kommt der Auffassung der Philosophia perennis, wie sie bei den griechischen und arabischen Philosophen und den christlichen Theologen des Mittelalters auftrat, sehr nahe. Die Intelligenzen, die das Universum formen, waren im Christentum als *„Engel"* bekannt und in Griechenland, wie in Indien heute noch, als Götter.

Götter und *Engel* muten uns heute, im Jahr 1991, etwas sonderbar an, aber nur, weil uns die westliche Wissenschaft suggeriert hatte, das Universum setze sich aus toter Materie, mechanischen Gesetzen unterworfen, zusammen.

In Wirklichkeit aber ist, wie wir jetzt wieder entdecken, das Universum ein lebender Organismus, in fortwährender Entwicklung begriffen und auf jeder Ebene von Intelligenz informiert, in Form gebracht. Wir gewinnen also wieder ein Gefühl für ein aus Kräften und Wesen bestehendes Universum, die auf jeden Aspekt unseres Lebens, physisch und psychisch gesehen, Einfluss ausüben.

Das führt uns zur Weltsicht alter Stammesgesellschaften zurück, die **Christopher Dawson** charakterisiert:

„Der primitive Mensch betrachtet die äußere Welt nicht, wie der moderne, als passives, mechanisches System, als Hintergrund, vor dem sich die Energien des Menschen entfalten, als bloßen Stoff, den der menschliche Verstand zu formen bestrebt ist, sondern er sieht sie als eine lebende Welt geheimnisvoller Kräfte, größer als seine eigenen ..., die sich einerseits in der äußeren Natur, andererseits in seinem Bewusstsein manifestieren. "

Das ist die wirkliche Welt, die wir alle bewohnen und die uns die Philosophia perennis bekannt gemacht hat.

Es herrscht die Auffassung, dass das Weltall mit einer Explosion ungeheuer heißer Energie begann, die sich, als sie wieder abkühlte, zu Materiepartikeln entwickelte wie Photonen, Protonen, Elektronen, und diese allmählich *„zusammenpackte",* bis sie Atome und Moleküle, die das materielle Universum strukturierten, bildeten. Doch hat sich herausgestellt, dass diese Atome und Moleküle mit mathematischer Präzision aufgebaut sind und das materielle Universum mathematischen Gesetzen gehorcht. Das bedeutet, dass in der Materie Intelligenz am Werk ist. Mathematische Gesetze werden nur von Intelligenz erkannt. Und wenn die menschliche Intelligenz feststellt, dass mathematische Gesetze im Universum am Werk sind, so kann das doch nur heißen, dass irgend etwas der menschlichen Intelligenz Verwandtes von allem Anfang an in der Materie vorhanden ist – wenn nicht alle Wissenschaft auf Illusion beruhen soll. Dies aber ist immer die Sichtweise der Philosophia perennis gewesen. So sprachen z. B. **Aristoteles** und die arabischen Philosophen von den Sternen als von *„Intelligenzen",* das heißt, sie erkannten in den Sternen die

Gegenwart intelligenter Mächte, die das Universum regieren. In der christlichen Tradition waren diese Intelligenzen oder kosmischen Mächte als Engel oder Boten bekannt. Man betrachtete sie also als die Agenten einer kosmischen Intelligenz, einer universellen Macht, die für die Organisation des Universums verantwortlich war.

Das führt uns wieder zu den Anfängen der Geschichte und aller Religion zurück. Zwar kannten die meisten Völker viele *„Götter"*, das heißt Mächte, die im Universum wirkten, doch gab es auch eine universelle Tendenz, all diese Mächte und Geister auf **eine** höchste Macht und geistige Gegenwart zurückzuführen. Das zeigt sich zum Beispiel in allen afrikanischen Religionen, wo ein höchster, über allen Ahnengeistern und anderen Wesen, die die Welt beherrschen, stehender Schöpfergott anerkannt wird, obwohl man ihm in der Praxis vielleicht wenig Aufmerksamkeit schenkt.

Auch hier hat **Mircea Eliade** wieder gezeigt, dass sich überall auf der Welt ein Himmelsgott, ein *„göttliches, himmlisches Wesen, Schöpfer des Universums, der die Fruchtbarkeit der Erde durch den von ihm gesendeten Regen garantiert"*, findet. Dieses Wesen hieß in den Veden **Dyauspita**, der *„Himmelsvater"*, wobei der Buchstabe „D" noch in allen arischen Sprachen anzutreffen ist, zum Beispiel im **Zeus** (Genitiv *Dios*) Griechenlands und im **Jupiter** *(Diupiter)* der Römer (im Norwegischen wird „D" zu „Sk", englisch „sky"). Überall stoßen wir also auf einen Himmelsvater, und wenn **Jesus** seine Schüler beten lehrte, konnte er keine besseren Worte finden als *„Unser Vater im Himmel"* (griechisch: *ouranos* - der Himmel).

Das bringt uns zu einem wichtigen Punkt. Wenn die Menschen der alten Welt von *„Himmel"* sprachen, so meinten sie sowohl den Himmel als Firmament hoch droben, als auch die Macht und das Wesen des Himmels. Wir haben uns daran gewöhnt, den materiellen Aspekt vom spirituellen zu trennen. Wir stellen uns den Himmel als ein materielles Phänomen, als ein Gewölbe, einen Raum vor, wie auch immer, entleert von aller spirituellen Wirklichkeit, von Macht und Intelligenz. Doch für die Alten gab es keine Trennung zwischen Geist und Materie, zwischen *Phaino-menon* und *Noumenon*, zwischen der materiellen Welt und der Macht und Intelligenz, die sie regierten.

Diese Teilung geht teilweise auf den Einfluss der griechischen Philosophie, besonders **Plato** zurück, aber auch auf den des hebräischen Denkens in der Bibel. Das Volk Israel glaubte ursprünglich wie andere Völker an viele Götter, wie sich an dem hebräischen Wort für Gott, *„Elohim"*, zeigt, das Plural ist. Doch im Lauf der Zeit lehrte man sie an einen höchsten Gott, *Jahwe*, zu glauben, und kein anderer Gott durfte mehr verehrt werden. Dies aber führte zu einer Trennung Gottes von der Schöpfung. Ein Dualismus entstand, vielleicht unter persischem Einfluss, der Gott von der Natur trennte und die Natur ohne eine sich in ihr ausdrückende göttliche Gegenwart zurückließ. Das hat dann schließlich zu der westlichen Auffassung von der Natur als eines unbeseelten, von Gott getrennten Wesens geführt, die solche Katastrophen über die heutige Welt herauf-beschworen hat.

DIE VEDISCHE MYTHOLOGIE

In Indien aber schlug die Religion eine ganz andere Richtung ein. Man nimmt im Allgemeinen an, dass die **Veden** im 2. Jahrtausend von Ariern, Verwandten der Griechen und Römer, aus dem Westen nach Indien gebracht wurden. Die vedischen Seher selbst führen sich auf Patriarchen alter Zeiten zurück, von denen sie ihre Weisheit empfangen haben wollen. Niemand kann sagen, woher diese selbst stammt. Aber das ist von nicht allzu großer Bedeutung. Das Wort **Veda** bedeutet *„Wissen"* (von der Wurzel *vid* = sehen oder wissen). Die Veden selbst gelten als ewig *(nitya)*.

Wie alle alten Völker glaubten die Arier, der Ursprung ihrer Religion liege nicht in der zeitlichen Welt, der Welt der flüchtigen Phänomene, sondern in der ewigen. Sie waren also nicht von Menschen erfunden, sondern *„gehört"* oder *„gesehen".* Das heißt, sie kamen durch unmittelbare Inspiration (obwohl über ein menschliches Instrument) zu den Menschen. Man sagte auch, sie seien *apauruseya* – nicht von Menschen verfasst.

Das erinnert wieder daran, dass alles authentische Wissen nicht von den Sinnen, sondern vom Geist stammt, der Intelligenz, die die göttliche Intelligenz, die Quelle der Schöpfung, widerspiegelt.

Zwar entsteht Wissen normalerweise auf dem Weg über die Sinne und den Gehirnapparat, doch liegt sein Ursprung immer im Geist selbst, der Intelligenz mit ihrer Fähigkeit zur Selbstreflexion, die Wissen nicht nur von sich selbst, sondern auch von ihrem Ursprung in der universellen kosmischen Intelligenz vermittelt.

Genau das finden wir in den **Veden** – die **Rishis**, die *„Seher"*, pflegten über sich selbst zu reflektieren, um meditierend den Ursprung ihres Wissens zu entdecken, die Urintelligenz oder das kosmische Bewusstsein, von dem das menschliche Bewusstsein abgeleitet ist.

In den Veden lässt sich am besten verfolgen, wie die alte Welt der Mythologie, wo der menschliche Geist unter der Herrschaft der Imagination stand, zur philosophischen Auffassung einer letzten Wahrheit und Wirklichkeit überging. Dieser Übergang vollzog sich in den Upanishaden im 6. Jahrhundert v. Chr. Wie alle alten Völker begannen auch die Seher der Veden mit dem Glauben an viele Götter oder Mächte und Wesenheiten, sowohl in der Natur als auch im Menschen. Doch von den frühesten Zeiten an begannen sie über all diese Götter hinauszublicken, auf die eine Wirklichkeit hin, die hinter ihnen lag.

Ein berühmter Vers im **Rig Veda** lautet:

„ekam sät vipra behuda vacfanti"
„das eine Wesen, das die Weisen mit vielen Namen nennen".

Es war dieses *„eine Wesen"*, das den Geist der vedischen Seher erfüllte, so dass sie alle *„Götter"* lediglich als *„Namen und Formen"* dieser einen Wirklichkeit sahen.

Diese eine Wirklichkeit erhielt im Lauf der Zeit den Namen **Brahman**. Das Wort *brahman* kommt von der Wurzel *brh* = wachsen oder schwellen, und allem Anschein nach wurde es zunächst auf das **Mantra**, das heilige Wort, angewendet, das im Geist des Priesters, der das Opfer vollzog, aufstieg. Mittelpunkt der vedischen Religion war das

Feueropfer, bei dem Opfergaben auf einem rituellen Altar verbrannt wurden. Man stellte sich vor, dass **Agni**, der Gott des Feuers, die Opfer verzehrte.

Doch war Agni nicht nur das physische Feuer, sondern auch das Feuer im Geist des Priesters, der das Opfer vollzog. Er hatte einen physischen Körper mit *„flammendem Haar"*, war aber auch der *„Gott, der weiß"*, der Priester, der den Göttern das Opfer darbrachte.

Mit anderen Worten:

Agni war der Name der Urenergie des Universums, deren auffälligste Form das Feuer ist, aber auch die Energie des Denkens, der Intelligenz, die das Universum ordnet. Schließlich wurde es zu einem Symbol, wie alle Götter, für die uranfängliche Macht und Weisheit, die das Universum gestaltet. Auf diese Weise wurde das **brahman**, _das_ heilige Wort, durch das das Opfer eingeleitet wurde, zum Symbol für die göttliche Kraft – im Opfer, im ganzen Universum und im Geist des Menschen gegenwärtig.

Der vedische Mythos gestaltete diese Vorstellung von Agni als dem göttlichen Feuer (oder der Energie) im Universum zur Geschichte des Konfliktes zwischen **Agni** und **Vrata** aus. Vrata repräsentiert die Gegenmacht, die Kraft, die die Menschheit gefangen hält und den Geist im harten Felsen der Materie einschließt. Später wurde Agni durch **Indra** ersetzt, ursprünglich, wie **Jahwe** in Israel, ein Donnergott – die Macht des Himmelsgottes –, aber später als Herr der Götter, als Kraft des Geistes, aufgefasst.

In der Erzählung des Mythos durchbricht Indra mit seinem Donnerstrahl *(vajra)* den harten Felsen am Fuß des Berges und setzt das dort gefangen gehaltene Wasser und Vieh frei. Hier vergegenwärtigt Indra den göttlichen Geist, die höchste Intelligenz, die durch den harten Felsen, die dunkle Materie des Unbewussten, hindurch bricht und das Wasser (Symbol des Lebens des Geistes) und die Kühe (Symbol der Fruchtbarkeit des Bewusstseins) freisetzt. Doch sind die Kühe in den Veden immer auch Symbole nicht nur für Fruchtbarkeit, sondern auch für das Licht. Es heißt, die Morgendämmerung habe bei Sonnenaufgang die Kühe aus ihrer Höhle frei gelassen.

Die vedischen Seher waren meditierend in der Lage, die Grenzen der konventionellen Religion zu überschreiten und die verborgene Quelle der Religion im göttlichen Geist zu entdecken. Der menschliche Geist war zu Anfang den Sinnen und der Imagination unterworfen. Doch immer gab es auch eine verborgene Macht im menschlichen Wesen. Sie vermochte über Sinne und Imagination hinauszugehen und den Menschen für eine Intelligenz zu öffnen, die den bewussten Verstand transzendierte. Dieser Durchbruch durch Sinne und Imagination ereignete sich im ersten Jahrtausend v. Chr. Damals erwachte der menschliche Geist zu vollem Bewusstsein, zur Erfahrung der letzten Wirklichkeit. Jede große Weltreligion baute auf dieser Grundlage auf und bahnte einen Weg, auf dem der Mensch von den Zwängen des Unbewussten befreit werden und Wahrheit und Wirklichkeit erlangen konnte.

Doch im 16. Jahrhundert wurde diese Bewegungsrichtung im Westen umgekehrt. Der menschliche Geist begann sich wieder der materiellen Welt zu unterwerfen. Ziel der Wissenschaft war nicht mehr, die höchste Realität zu erkennen und in deren Licht die materielle Welt zu begreifen, sondern die materielle Welt im Licht des begrenzten menschlichen Verstandes zu erforschen – begrenzt auf die Beobachtung von Phänomenen. Die Folge ist, dass die

Wissenschaftler heute von den Quellen des Wissens abgeschnitten und auf die Erkenntnis der Phänomene, wie sie der rationale Verstand interpretiert, beschränkt sind.

Karl Popper, einer der führenden Wissenschaftsphilosophen, hat in seinem mit **John Eccles** verfassten Buch über das *„Ich und sein Gehirn"* versucht, über den Materialismus der westlichen Wissenschaft hinaus zu gelangen. Er sieht drei *„Welten"* oder Sphären der Wirklichkeit – die physische Welt, die mit den Sinnen und wissenschaftlichen Instrumenten beobachtet wird, die mentale Welt des menschlichen Verstandes, der die physische Welt analysiert, und die Welt *„mentaler Objekte"*, das heißt wissenschaftliche Theorien, die ja auch eine Art Realität haben, da sie auf die materielle Welt einwirken und sie verändern. Aber auch Popper bleibt immer noch in der Welt des Verstandes hängen und kann sich kein Wissen vorstellen, das sich nicht letzten Endes *„Schlussfolgerungen"* und *„Hypothesen"* verdankt.

Doch ein solches Vorgehen unterhöhlt die eigentlichen Grundlagen der Wissenschaft und kann nur zu allgemeinem Skeptizismus führen. Popper gibt zwar zu, dass der Mensch über die Kraft der Reflexion verfügt, um zu einem Selbst, einem sich selbst reflektierenden Wesen zu werden. Aber er sieht nicht, dass diese Kraft der Selbstreflexion die Grundlage aller Gewissheit ist und deshalb auch aller Wissenschaft. Meine eigene Existenz oder die einer physischen Welt „schlussfolgere" ich nicht, sondern ich erkenne mich selbst und die Welt in einem unmittelbaren Akt der Selbstreflexion. Ich bin mir selbst, und die mich umgebende Welt ist mir selbst durch unmittelbare Erfahrung gegenwärtig, das heißt durch eine Reflexion auf mich selbst im Vollzug meiner Existenz. Ich weiß nicht nur, dass ich existiere, ich weiß auch, dass ich es weiß. Sich selbst erkennen heißt, sich selbst und seine Welt unmittelbar erfahren. Dies ist die Grundlage allen menschlichen Wissens und aller wirklichen menschlichen Existenz.

Wahr ist allerdings, dass ich zunächst meine *„Substanz"* nicht kenne, das heißt, **was** ich bin. An dieser Stelle haben Verstand und wissenschaftliche Schlussfolgerung und Hypothese ihre Berechtigung, und das Wissen dieser Art wächst kontinuierlich. Doch das Wissen über meine Existenz und die der Welt, die ich erlebe, ist mir durch unmittelbare *Intuition („Hineinsehen"),* gegeben.

Der Grund, weshalb das westliche Denken dies nicht zu begreifen vermag, ist, dass es sich Jahrhunderte lang daran gewöhnt hat, nur äußere Phänomene zu beobachten und sich einzubilden, alles Wissen stamme aus den Sinnen. Es hat die Kunst der Meditation verlernt. Doch entdeckt so mancher Wissenschaftler heute diese verlorene Kunst wieder.

David Bohm ist das hervorragendste Beispiel dafür. Er ist nicht nur Experte auf dem Gebiet der Physik, sondern war auch Schüler **Krishnamurtis** und hat die Praxis der Meditation erlernt.

Meditation besteht eben darin, dass man über die Sinne und den Verstand, der über die Sinne arbeitet, hinauszugehen lernt und die Tätigkeit des Geistes selbst beobachtet. Dann entdeckt man den Ursprung des Geistes, den Grund des Bewusstseins.

David Bohm beschreibt das mit Hilfe der Begriffe *„unentfaltete"* und *„entfaltete Ordnung".* Was wir normalerweise beobachten, ist nur die äußere Ordnung der Welt, die Welt, wie sie sich vor dem menschlichen Bewusstsein entfaltet. Doch wenn wir in die Meditation eintreten, gehen wir über die vielfältige Welt der Sinne und des Verstandes (das heißt allen *„wissenschaftlichen"* Wissens) hinaus und entdecken die Welt, nicht wie sie uns durch die Sinne äußerlich gegeben ist, sondern in ihrem ursprünglichen Zustand der unentfalteten „Innerlichkeit".

Wir finden die Welt im Selbst und das Selbst in der Welt.

DIE WEISHEIT DER UPANISHADEN

Die klassischen Upanishaden, verfasst zwischen 600 und 300 v. Chr., kennzeichnen den ersten großen Durchbruch im menschlichen Bewusstsein zum unendlichen, transzendenten Mysterium des Seins, zur letzten Realität jenseits von Wort und Gedanke.

Die **Rishis** (Seher) nannten dieses höchste Sein **Brahman**, ein Wort, das ursprünglich das gesprochene Gebet, das Mantra, bedeutete, durch das das göttliche Mysterium im Opfer *(yajna)* angerufen wurde, das aber später die Bedeutung des göttlichen Mysteriums als Quelle des Seins und Bewusstseins selbst annahm. Indem die Rishis auf die Welt der Sinne, die Welt der Erscheinungen, blickten, sahen sie dahinter den Ursprung aller Erscheinungen, den Grund des Seins, den sie Brahman nannten, und hinter dem Körper und den Sinnen die Quelle des Bewusstseins, die sie **Atman**, den Geist, das Selbst, nannten. Schließlich machten sie die große Entdeckung, dass *„dieses Atman Brahman ist".*

Die Quelle des Seins und des Bewusstseins ist ein und dieselbe.

Im Lauf der Zeit wurde diese höchste Realität als *Sat-Chit-Ananda* beschrieben, **Sein** *(sat),* erfahren im vollen **Bewusstsein** *(chit)* und erlebt als absolute **Glückseligkeit** *(ananda).*

Doch jenseits aller Worte und Begriffe wurde auch erkannt, dass dieses höchste Mysterium des Seins nur in negativen Begriffen als *neti, neti („nicht dies, nicht dies")* beschrieben werden konnte. Wie weit wir auch zur Wahrheit vordringen mögen, am Ende müssen wir doch zugeben, dass es sich um ein absolutes Mysterium jenseits des menschlichen Begriffsvermögens handelt.

Doch obwohl dieses Mysterium nur in unpersönlichen Begriffen beschrieben werden konnte, erkannte man von Anfang an, dass es auch einen persönlichen Charakter hatte. Insofern wurde es **Purusha**, die kosmische Persönlichkeit, genannt, die die Welt durch ihre innewohnende Gegenwart erhält. Dieser persönliche Aspekt des Mysteriums des Seins wurde in einer späteren Upanishad (der **Svetasvatara-Upanishad**) als **Shiva** (der *„Gnädige"* oder *„Gütige"*) bezeichnet und führte zum Entstehen der Schule des **Shaivismus**, während er in der **Bhagavadgita** (dem *Gesang des Erhabenen*) als **Vishnu** begriffen wurde, der sich in Gestalt Krishnas manifestierte. Dies war der Ursprung der Schule des **Vaishnavismus**. Noch heute sind die Hindus in Shaiviten und Vaishnaviten geschieden, doch abgesehen von diesen Unterschieden in Namen und Form sehen die Hindus das Brahman und das Atman als den letzten Grund des Seins und Bewusstseins an.

Die Erfahrung des Selbstes in seinem Grund oder Ursprung, seinem ursprünglichen Sein, war die Entdeckung der Upanishaden. Sie nannten dieses Selbst **Atman**, von der Wurzel *„an"* (wie in *Animus* und *Anima* = atmen). Denn in der Meditation lernt der Mensch durch den Atem über Sinne und Verstand hinauszugehen. Indem er sich auf das Atmen konzentriert, bringt er alle Bilder, Gedanken und Empfindungen zur Ruhe, und in der darauf folgenden Stille, der Gedankenleere, steigt die Erkenntnis des Geistes auf, das reine Bewusstsein, aus dem alles bewusste Wissen stammt, die Quelle der Denktätigkeit.

Die **Isha-Upanishad** erklärt, man sehe das *„Selbst"* oder den *„Geist"* in allen Wesen und alle Wesen im *„Selbst"*. Sie weist sodann auf die Gefahr hin, dass sich der Mensch entweder an das Transzendente, das heißt das Bewusstsein von einer transzendenten Realität über dieser Welt hängt, oder an das Immanente, das heißt an die Erfahrung der Welt, insofern sie dem menschlichen Bewusstsein immanent ist. Denn nur, wenn wir das Immanente (die materielle Welt) im Transzendenten (dem Göttlichen) und das Transzendente im Immanenten sehen lernen, finden wir die Wahrheit. Sowohl der Materialismus als auch der Idealismus können uns in die Irre führen.

Nur **das** Bewusstsein, das die Gegensätze und alle Dualität überschreitet, erfährt die Wahrheit.

Die **Kena-Upanishad** gibt ein gutes Beispiel dafür, wie das Problem des Polytheismus in der vedischen Überlieferung gelöst wurde. Die drei Götter **Agni, Vayu** und **Indra**, die Kräfte des Feuers, der Luft und des Donners, erringen einen Sieg, den sie sich selbst zuschreiben. Doch da erscheint **Brahman**, die höchste Wirklichkeit, und zeigt ihnen, dass sie all ihre Kräfte doch nur ihm, also demjenigen, was weder Form noch Namen besitzt, verdanken. Es geht hier um die Entdeckung, dass die *„Götter"* nichts sind als Namen und Formen der **einen** Realität, die über alle Namen und Formen ist.

Das ist eine Lehre, die jede Religion beherzigen sollte. Denn jede Religion hat die Tendenz, einen Namen oder eine Form, **Jahwe** oder **Allah** oder **Christus**, über alle anderen Namen zu stellen, und zu vergessen, dass die höchste Realität gar keinen Namen oder Form besitzt. Sie übersteigt

101

alle menschliche Fassungskraft. Diese Tatsache wurde im Lauf der Zeit in jeder Religion entdeckt, und wir werden sehen, wie in einer jeden ein Prozess ablief, der zur Überschreitung aller Begrenzung und zur Anerkennung einer höchsten Wahrheit oder Wirklichkeit, die keinen Namen besitzt, führte. In Indien geschah das in den Upanishaden.

Besonders deutlich wird das in der **Katha-Upanishad**, wo **Naziketas**, der junge Wahrheitssucher, sich in die Welt der Toten hinunterbegibt, also der oberen Welt abstirbt, wie es jedem Wahrheitssucher aufgegeben ist. Der Tod, der Führer zum Leben, lehrt ihn, alles hinter sich zu lassen, und führt ihn in die Wahrheit des **Atman** ein, des Geistes, der *„schwer zu schauen, noch schwerer zu verstehen"* ist, *„der in der Öffnung der Grotte, ja noch tiefer drinnen"*, wohnt. So erweckt er ihn zur ewigen Wahrheit, zum im Herzen der Welt verborgenen Mysterium. Diese Reise in die Finsternis, zum Tod, müssen wir alle erleben, wenn wir die Wiedergeburt zum ewigen Leben erfahren wollen.

Die **Mundaka-Upanishad** spricht von diesem Mysterium in Begriffen des Lichtes, doch ist es die **Mandukya-Upanishad**, die die tiefste Einsicht ins menschliche Bewusstsein gibt. Sie unterscheidet zwischen dem Wachzustand des normalen Bewusstseins, dem Traumzustand und dem Zustand des Tiefschlafs. Doch jenseits dieser Bewusstseinszustände befindet sich der *„vierte Zustand"*, der Zustand des transzendenten Bewusstseins. Dieses Bewusstsein ist das Ziel der menschlichen Existenz.

Wir alle müssen lernen, über unsere gegenwärtige Art des Bewusstseins mit seiner Abhängigkeit von den Sinnen und

Vorstellungen hinauszugelangen und den Zustand transzendenter Weisheit zu erfahren.

Das ist ein Zustand, der sich nicht beschreiben lässt. Man muss ihn erfahren, um zu wissen, was es damit auf sich hat. Doch ist er als Möglichkeit jederzeit in jedem menschlichen Bewusstsein gegenwärtig, und jede Religion versucht, den Weg zu ihm zu öffnen. Aber solange wir in unserer gegenwärtigen Art des Bewusstseins verharrten, können wir die Wahrheit nicht erkennen. Die Religion kann zwar auf sie hinweisen und den Weg dorthin aufzeigen, doch nur unmittelbare Erfahrung vermag uns von der Wahrheit zu überzeugen und zur endgültigen Befreiung zu führen.

In einer später entstandenen Upanishad, der **Svetasvatara-Upanishad**, finden wir die wichtigste Antwort auf unser Problem. Sie beginnt mit der Frage:

> *„Was ist der Ursprung der Welt? Was ist Brahman? Woher kommen wir? Aus welcher Kraft leben wir? Wo finden wir Ruhe? Wer herrscht über unsere Freuden und Leiden?"*

Sie zählt dann die Antworten auf, die auf diese Fragen schon gegeben wurden.

> *„Ist die Zeit als Ursprung der Welt zu denken, oder die Natur, oder das Gesetz der Notwendigkeit, oder der Zufall, oder die Elemente?"*

Sie verwirft all diese Antworten, die auch die moderne Wissenschaft auf das Problem des Lebens schon gegeben hat, und fährt dann fort:

„Durch den Yoga der Meditation und Kontemplation
sahen die Weisen die Kraft Gottes",

die *devatmasakci,* buchstäblich die *„Kraft des Geistes*
Gottes" – verborgen in seiner Schöpfung.
„Er ist es, der über alle Ursprünge dieser Welt
herrscht, von der Zeit bis zur Seele des Menschen".

Das zeigt sehr deutlich, wie sich die Upanishaden dem
Grundproblem des Lebens nähern.

Nur durch den *„Yoga der Meditation und Kontemplation"*
gelangen wir zum tiefsten Verständnis des Lebens. Wissenschaft und Philosophie können uns nur bis an die Grenze
führen, abhängig von den Sinnen und dem rationalen
Verstand, wie sie sind. Doch in der Meditation gehen wir
über die Sinne und den rationalen Verstand hinaus und
begegnen der Quelle der Realität, der in der Schöpfung und
im Denken verborgenen göttlichen Kraft. Das ist die
Einsicht, die Kenntnis der Wahrheit schenkt und uns
freimacht.

Die **Svetasvatara-Upanishad** fährt dann fort und
beschreibt die drei Welten – die Welt der Materie, die Welt
des Geistes und der Seele, und Gott, den Herrscher über
alles. Doch sagt sie weiter, Gott, Welt und Seele – alle seien
im Mysterium des Brahman enthalten. Für viele moderne
Menschen ist der persönliche Gott, sei er jüdisch, christlich
oder mohammedanisch, zum Problem geworden, da er so
offensichtlich die Begrenzungen des menschlichen Denkens
widerspiegelt. Doch in Indien hat man von den frühesten
Zeiten an erkannt, dass der persönliche Gott, welche Form er

auch annehmen mag, die Widerspiegelung der einen, transzendenten Realität, des Brahman, im menschlichen Geist ist.

In der Svetasvatara-Upanishad ereignet sich eine großartige Offenbarung eines persönlichen Gottes, der hier mit **Shiva** identifiziert wird. Von ihm heißt es, er sei reines Bewusstsein, Schöpfer der Zeit, allmächtig, allwissend, Herr der Seele und der Natur, aber auch der liebende Beschützer aller Dinge, der Gott der Liebe. Gleichzeitig jedoch wird er als eine Form des **Brahman** erkannt, des höchsten Mysteriums, das jedes menschliche Begreifen übersteigt. Wir werden noch sehen, dass diese Einsicht in jeder Religion, auch wenn ein persönlicher Gott vorherrscht, zu finden ist.

Die Offenbarung des persönlichen Gottes

In der **Bhagavadgita**, dem *„Gesang des Erhabenen"*, hat die große Offenbarung des persönlichen Gottes in Indien stattgefunden. Die Bhagavadgita ist Teil des großen Epos **Mahabharata**, das zwischen 400 v. Chr. und 400 n. Chr. verfasst wurde. Sie gehört nicht zu der Offenbarung der Veden, sondern zu einer späteren religiösen Entwicklung Indiens, der *smriti* (von der Wurzel *„smr"* = sich erinnern).

In ihr offenbart sich **Krishna** als die Form des persönlichen Gottes. Der Ursprung der Krishnalegende ist unbekannt. In früheren Texten wird nicht nur **ein** Krishna erwähnt. Doch jetzt erscheint er, um geschaut und verehrt zu werden als der eine höchste Gott, der Schöpfer des Universums, Quelle aller Weisheit und Kraft der Erlösung.

In der Bhagavad Gita wird eine deutliche Unterscheidung zwischen der göttlichen Natur Krishnas, seinem unsichtbaren Geist, und seiner sichtbaren Natur, die in der Schöpfung manifest wird, gemacht. Die dort verwendete Sprache wirkt häufig pantheistisch:

> *„Ich bin es, der dich im frischen Wassertrunk erquickt, ich bin das Mondlicht und das Sonnenlicht".*

Doch muss man sich bei der Lektüre hinduistischer Texte immer bewusst bleiben, dass, obwohl die Sprache pantheistisch sein mag und Gott mit der Natur zu identifizieren scheint, die eigentliche Lehre *pan-en-theistisch* ist, das heißt auf dem Glauben beruht, dass Gott **in** allem ist.

Wie es **Manikkar Vasakar,** der große tamilische Mystiker ausdrückte:

„Du bist alles, was ist, und Du bist nichts, was ist".

Viele Missverständnisse sind dadurch entstanden, dass man die Hindulehren als pantheistisch abgestempelt hat.

Doch in Wirklichkeit zeugt der Hinduismus fortwährend von der tiefen Wahrheit, dass Gott **in** allem ist, als der Grund der Existenz aller Dinge.

Und die große Einsicht der Upanishaden war, wie wir gesehen haben, die Erkenntnis dieser höchsten Wirklichkeit als des Grundes und Ursprungs aller Schöpfung und der menschlichen Existenz.

In der Bhagavadgita wird Krishna als der persönliche Gott gepriesen, der *„Freund aller Dinge",* der im Herzen jedes Geschöpfes lebt und allen, die ihn anrufen, Erlösung, das heißt endgültige Befreiung, gewährt. Doch zugleich ist dieser persönliche Gott, der sich selbst als Liebe offenbart, eins mit dem unendlichen Brahman, dem ewigen Geist, der das Universum am Leben erhält. Diese Offenbarung des persönlichen Gottes in der Bhagavadgita kann, wie jene Shivas in der Svetasvatara-Upanishad, mit der Offenbarung Jahwes in der jüdischen Tradition und der Allahs im Islam gleichgesetzt werden. Und schließlich werden wir auch sehen, in welchem Verhältnis all diese Offenbarungen zum Mysterium der Dreieinigkeit in der christlichen Tradition stehen.

DIE HERAUSFORDERUNG DES BUDDHISMUS

Buddha ging von dem dem Hinduismus entgegen gesetzten Ende des Spektrums aus. Er befasste sich nicht mit dem Mysterium des Seins, sondern mit der Tatsache des Wandels und Werdens. Wie **Heraklit** im Verhältnis zu **Parmenides** in der griechischen Tradition, sah er alles als nicht-dauernd, nicht-substantiell, dem Wandel und der Auflösung unterworfen. Nicht nur die äußere Welt der Sinneserscheinungen, sondern auch die innere Welt des Bewusstseins sah er als in stetigem Fluss begriffen. Doch als er unter dem Bodhi-Baum, dem Baum der Erleuchtung, meditierte, erkannte er, dass jenseits dieses Flusses des Wandels und Werdens etwas Dauerhaftes, Unveränderliches existiert. Aber er scheute sich, ihm einen Namen zu geben, da dies wieder eine Substanz, ein Wesen vorausgesetzt hätte, und so nannte er es *Nirvana*, das *„Erlöschen"*, das Aufhören des Wandels und Werdens.

Das ist die bleibende und höchste Einsicht des Buddhismus, die Wahrnehmung, dass es hinter allen Veränderungen der Sinne und des Denkens, hinter allen Phänomenen eine unveränderliche Realität gibt, die nicht mit Namen genannt werden kann, sondern allen Namen und Formen erst ihre Bedeutung gibt.

In der frühen Überlieferung des Buddhismus, dem so genannten *Hinayana*, das *„kleine Fahrzeug"*, lag der Nach-druck auf dem *„achtfachen edlen Pfad"*, dem Weg des Einzelnen zur Erlösung vom Leiden dieser Welt und zum Frieden des Nirvana.

Doch zu einem späteren Zeitpunkt wurde ein neuer Weg eröffnet, der *Mahayana*, das *»große Fahrzeug«*, bei dem der *Bodhisattva*, der Mensch, der die Erleuchtung erlangt hatte, das Gelübde ablegte, nicht eher ins Nirvana einzutreten, als bis alle lebenden Wesen erlöst wären. Das öffnete den Weg zu einer neuen Art des Mitgefühls *(karuna)* nicht nur für die Menschen, sondern für alle Geschöpfe.

Gleichzeitig entwickelte sich die Vorstellung, dass der Buddha nicht nur der Erleuchtete war, der den Weg zur Befreiung gefunden hatte, sondern auch der Erlöser, der den Weg der Befreiung für die ganze Menschheit und die ganze Welt öffnen konnte. Im Lauf der Zeit wurde der Mahayana zu einer philosophischen Bewegung von immenser Komplexität und einer ungeheuren Verfeinerung des Denkens. Es ist subtiler als das Vermächtnis Kants oder irgendeines modernen Philosophen, doch zeugt es immer noch vom transzendenten Mysterium, vom unergründlichen Grund des Bewusstseins, in dem alle Wahrheit zu finden ist.

Der Buddhismus stellt die größte Herausforderung für sämtliche Religionen dar, besonders für jene, die an einen persönlichen Schöpfergott glauben. **Gautama Siddharta**, der **Buddha**, auftretend am Ende der vedischen Periode (563 – 483 v. Chr.), verwarf alle traditionellen Glaubensüberzeugungen und religiösen Kulte. Die vedischen Götter, die rituellen Opfer, die Brahmanenpriesterschaft und das Kastensystem, das bis dahin die religiöse Grundlage der Hindugesellschaft gebildet hatte, sie alle wurden zugunsten einer negativen Philosophie verworfen, die man tatsächlich als eine Art Nihilismus ansehen könnte.

Die große Einsicht des **Buddhas** war, dass die Welt etwas Vorübergehendes ist.

„Alles ist vergänglich (anitta), alles ist leidvoll (dukka), alles ist unwirklich (anatta)".

Dies war der Kern der Lehren des Buddhas. Das Ende aller Dinge ist **Nirvana**, das *„Ausblasen"*, das Verlöschen allen Seins, die Vernichtung allen Verlangens.

Man könnte sagen, hier handle es sich um die radikalste Philosophie, die je entwickelt worden ist.

Sie legt die Axt an die Wurzel der uns bekannten Existenz. Doch hinter dieser negativen Philosophie steckt eine tiefe Einsicht. **Nirvana** ist das Ende allen Werdens, allen Verlangens, all dessen, was das Leben für die meisten Menschen lebenswert macht.

Unter dem ***Bodhi-Baum*** versank Buddha in tiefe Meditation. Er ließ alle Bewegung der Sinne aufhören, machte allem Verlangen ein Ende, und erlebte so im Schweigen und in der Einsamkeit des Geistes die Seligkeit reinen Bewusstseins. Er stieg in die Tiefen der Seele hinab, zum Grund des Bewusstseins, und fand dort den Frieden, die Freude, die Erfüllung, nach der er gesucht hatte.

Dies ist die Botschaft des Buddhismus heute.

Solange wir in der Welt der Sinne eingeschlossen bleiben und ständig nach Erfüllung unserer Wünsche suchen, werden wir niemals Frieden finden.

Diese Botschaft der *„Erleuchtung"*, des inneren Friedens, findet heute überall auf der Welt, wie früher schon in ganz Asien, ihren Widerhall. Die Lehre des Buddha wurde von seinen Schülern mündlich weitergegeben und erst nach mehreren Jahrhunderten schriftlich niedergelegt, aber der Kern dieser Lehre ist vor allem im **Dhammapada**, dem Pfad des Gesetzes, zu uns gelangt.

Die Lehre des Dhammapada ist klar. Es sind nicht der Körper oder die Sinne, sondern der Geist, der alle menschlichen Probleme verursacht, und so ist es auch nur der Geist, der sie beseitigen kann. Solange sich der Geist an Gedanken, Gefühle und Wünsche bindet, wird er in eine Welt der Illusionen hineingezogen und abhängig von Leidenschaft und Verlangen. Zieht er sich jedoch von den Sinneseindrücken zurück und erkennt sein eigenes Wesen, so erlebt er innerliche Freude, Frieden und Erfüllung. Der Ton der Freude zieht sich durch das ganze Dhammapada, der Freude jener, die aller Leidenschaft und Verlangen und aller Bindung an die materielle Welt entsagt, inneren Frieden und Freiheit gefunden haben und die Wahrheit kennen.

Das westliche Denken hat sich auf die materielle Welt konzentriert, um deren Zusammenhänge durch die Wissenschaft zu begreifen, sie durch die Technik zu beherrschen und das Leben in dieser Welt so angenehm wie möglich zu machen. Es war über alles Erwarten erfolgreich bei der Analyse der Materie, bis hinunter zu ihren winzigsten Teilchen, bei der Erforschung der äußersten Grenzen von Zeit und Raum, beim Zusammenwachsen der Menschheit und bei der Schaffung eines noch nie dagewesenen Lebensstandards.

Doch all dies geschah auf Kosten einer Verschmutzung der Erde, des Wassers und der Luft, der Zerstörung unzähliger Pflanzen- und Tierarten und des Aufbrauchens der Ressourcen, von denen das menschliche Leben abhängt. All dies ist die Folge einer Philosophie, die die Erkenntnis und Beherrschung der materiellen Welt zum Ziel hatte. Die westliche Welt muss heute eine *Metanoia* vollziehen, eine Umkehr des Geistes, die es ihr ermöglicht, die alte Weisheit, die ewige Philosophie, auf der die menschliche Natur in Wirklichkeit beruht, wieder zu entdecken.

Der Buddhismus ist, zunächst in der Hinayana-Tradition und dann im Mahayana, eine der Quellen dieser ewigen Weisheit. Der Buddha durchbrach die Fesseln, die den menschlichen Geist an Sinne und materielle Welt binden, setzte ihn frei und stellte ihn auf den Pfad der Wahrheit und des Friedens. Dem Schein nach ist der Buddhismus eine Religion ohne Gott, Schöpfung oder Seele. In Wirklichkeit befreite der Buddha den menschlichen Geist von seinen Bindungen an Körper und materielle Welt und öffnete ihn der Wahrheit und dem Leben. Im Buddhismus gibt es tatsächlich explizit keinen Gott und keinen Schöpfer. Aber im Frieden des Nirvana liegen unendliche Weisheit und unendliches Mitgefühl – und was sonst verstehen wir unter *„Gott"*?

Das ist die Herausforderung, die der Buddhismus sowohl für die Religion als auch für die Wissenschaft des Westens darstellt. Der Buddha sah, dass alle Vorstellungen und Konzepte von Gott und alle Rituale und Kulte der Religionen keinen Wert haben, wenn sie nicht von einem Geist vollzogen werden, der alle Vorstellungen und Konzepte übersteigt und seine eigene wahre Natur erkennt: Als nicht abhängig vom Körper und den Sinnen, sondern als die Quelle des biologischen Lebens und der Gehirn-Intelligenz.

Die westliche Wissenschaft hat sich unter der illusionären Voraussetzung entwickelt, es gebe eine materielle Welt *„außerhalb"* des Geistes. Sie lernt jetzt langsam wieder, was die Philosophia perennis schon immer gewusst hat: Dass die Welt, die scheinbar außerhalb von uns ist, nicht ohne den

Geist, der sie beobachtet, begriffen werden kann. Die Erfahrung der Physiker des 20. Jahrhunderts, die die Quantenphysik entwickelten, stellte endgültig klar, dass die Welt, die der Wissenschaftler beobachtet, nicht Realität an sich ist, sondern eine dem menschlichen Bewusstsein, dem Geist und Gehirn des Wissenschaftlers gegebene Realität.

Diese Entdeckung der Unabhängigkeit des Geistes von den Sinnen war die Entdeckung Buddhas.

In der frühen Hinayana-Tradition lag der Nachdruck auf dem praktischen Aspekt dieser Entdeckung. Für den Buddha war die Menschheit in der Welt der Sinne gefangen, wie Menschen, die in einem brennenden Haus in der Falle sitzen. Sein Ziel war, sie zu befreien und sie den *„achtfachen edlen Pfad"* zu lehren, wie man vom Schmerz und den Leiden dieser Welt frei wird. Es war eine Botschaft der Erlösung für die leidende Menschheit. Alles hängt von dem Erkennen der „vier edlen Wahrheiten" ab: Der Wahrheit vom Leiden, von der Ursache des Leidens, vom Ende des Leidens und vom Weg zur Beendigung des Leidens. Dieser Weg hing ganz wesentlich davon ab, dass man das Wesen des Denkens kannte, und die Erforschung des Wesens des Denkens führte schließlich zur großen Entwicklung der Mahayana-Lehren.

Diese Entwicklung fand viele Jahre nach dem Tod des Buddhas statt, aber man darf vermuten, dass sie von Anfang an bei ihm angelegt war. Die Mahayana-Lehren sind in einer umfangreichen Literatur niedergelegt, nicht nur in Sanskrit, sondern auch in Tibetisch und Chinesisch, doch durch alle komplizierten Zusammenhänge scheint immer eine wesentliche Wahrheit hindurch, nämlich, dass der Mensch zum Verständnis kommen muss.

Vielleicht gibt folgendes Zitat aus der **Lankavatara-Sutra** die Essenz des Mahayana-Buddhismus wieder:

> *„Wenn alle Erscheinungen und Namen beseitigt sind und alle Unterscheidung aufhört, bleibt die wahre, wesentliche Natur der Dinge zurück. Und da nichts vom Wesen der Essenz ausgesagt werden kann, wird sie das So-Sein (tathagata) der Wirklichkeit genannt".*

Dieses universelle, undifferenzierte, unerforschliche So-Sein ist die einzige Realität, doch trägt sie verschiedene Namen: Realität *(dharma)*, Körper der Realität *(dharmakaya)*, edles Wissen *(aryajnana)*, edle Weisheit *(arya prajna)*. Dieser Dharma der Bildlosigkeit des Körpers der Realität ist der Dharma, der von allen Buddhas verkündet wurde. Und wenn der Mensch alle Dinge in vollem Einklang damit begreift, besitzt er vollkommene Erkenntnis *(prajna)* und befindet sich auf dem Weg zum Erlangen des edlen Wissens *(arya jnana)* der *Tathagatas*, (das heißt der Buddhas, die *„es erlangt haben"*, die das Ziel, die Realität, erreicht haben). Das ist der Kern der Lehren des Mahayana, der, wie wir sehen werden, sich in ähnlicher Weise in der hinduistischen, chinesischen und griechischen Philosophie wieder findet: Dass wir, wenn wir über das unterscheidende, analytische Wissen der Wissenschaft und Philosophie hinausgelangen, zur Erkenntnis der Realität selbst im reinen Bewusstsein gelangen.

DER CHINESISCHE WEG

Das Tao Te King, das *„Buch vom Weg und seiner Kraft"*, wie es **Arthur Waley** übersetzt, ist vielleicht das geheimnisvollste Buch, das je geschrieben worden ist. Sein Autor ist unbekannt, sein Entstehungsdatum unbekannt, seine Bedeutung unsicher, und doch enthält es, was man einmal die „vielleicht tiefgründigste von Menschen je entworfene Weltanschauung", genannt hat.

Nach der frühesten Tradition soll es von **Lao Tse**, einem Zeitgenossen des **Konfuzius**, verfasst worden sein. Es heißt von ihm, er sei 602 v. Chr. geboren und im Alter von 160 Jahren im Jahre 442 v. Chr. gestorben. Doch viele Gelehrte bezweifeln heute, dass er überhaupt gelebt hat, und behaupten, das Buch sei im dritten oder vierten Jahrhundert v. Chr. verfasst worden und zwar von mehreren Autoren. Doch wie auch immer – das genaue Entstehungsdatum und der Autor des Buches sind relativ unwichtig.

Das Buch gehört ganz wesentlich zu jenem großen Durchbruch des menschlichen Bewusstseins, der sich im ersten Jahrtausend v. Chr. ereignete, und ist ein höchstes Beispiel für jene große mystische Tradition, die aller Religion zugrunde liegt.

Das **Tao Te King** beginnt mit der Feststellung, wie sie sich auch in den Upanishaden und beim Buddha findet, dass die letzte Realität keinen Namen hat – **Tao**, der Weg, ist nur der *„Name"*, den wir ihm geben. Schon dies ist von großer Bedeutung. Hinduismus und Buddhismus sprechen von der letzten Realität als vom **Brahman** oder vom **Nirvana,** also in metaphysischer Terminologie, während die Chinesen in ihrer mehr praktischen Art sie lieber als *„Weg"* bezeichnen.

Tao ist der *„Rhythmus"* des Universums, der *„Strom"* der Realität, ähnlich dem *„ewig lebenden Feuer"* des **Heraklit** oder den Energiefeldern der modernen Physik. Sein Wesen ist die Einheit der Gegensätze, des **Yin** und des **Yang**, des Passiven und Aktiven, des Weiblichen und Männlichen. Daraus entwickelt sich in der chinesischen Philosophie ein tiefer Sinn für die Komplementarität aller Existenz.

Die westliche Welt, auf dem Hebräischen und Griechischen basierend, denkt in Begriffen der Gegensätze: des Guten und Bösen, der Wahrheit und des Irrtums, des Schwarzen und des Weißen. Ihr Denkverfahren ist die Logik, beruhend auf dem Prinzip des Widerspruchs. Doch das chinesische Denken und mit ihm das östliche Denken in seiner Gesamtheit bewegt sich mehr in den Begriffen der Komplementarität. Es ist sich der Einheit bewusst, die alle Dualität übersteigt und doch in sich einschließt, des Ganzen, das all seine Teile überschreitet und doch vereinigt. Denken wir aber daran, dass auch der Westen schon zu dieser Einsicht gelangt ist und zwar in Gestalt des großen christlichen Philosophen **Nikolaus von Kues**, eines Kardinals der römischen Kirche, der von der *coincidentia oppositorum* sprach, dem *„Zusammenfallen der Gegensätze"*.

Das Tao Te King ist sich stets dieser Einheit hinter der Vielheit der Welt bewusst, doch ist es eine dynamische Einheit,

> *„etwas geheimnisvoll Geformtes, das schon vor Himmel und Erde entstand. In Schweigen und Leere steht es einzig und unwandelbar da, ist immer gegenwärtig und in Bewegung. Vielleicht ist es die Mutter der zehntausend Dinge. Ich weiß seinen*

Namen nicht. Nenne es Tao. Aus Mangel für ein besseres Wort nenne ich es groß".

Es ist bedeutsam, dass **Tao** die *„Mutter"* genannt wird. Denn wir sind in einer patriarchalischen Kultur aufgewachsen, und unsere Vorstellungen von Gott, der höchsten Realität, sind alle maskulin. Das Volk der Hebräer, von dem die westliche Welt ihre Religion übernahm, gehörte ebenfalls einer patriarchalischen Kultur an und betrachtete seinen Gott in bewusster Reaktion auf den Kult weiblicher Gottheiten der Völker, von denen es umgeben war, als männlich.

Doch das Tao ist wesentlich weiblich, es ist die Wurzel, der Grund, das Empfangende.

Der charakteristischste Begriff im Tao Te King ist das **Wu Wei**, das heißt *„nicht-tätige Tätigkeit"*. Es ist ein Zustand der Passivität, des *„Nicht-Handelns"*, doch einer Passivität, die völlig aktiv ist im Sinne des Empfangens. Das ist das Wesen des Weiblichen. Die Frau ist, im Verhältnis zum Mann, von Natur aus passiv. Sie empfängt den Samen, der sie befruchtet. Doch ist diese Passivität eine aktive Passivität, eine Empfänglichkeit, die dynamisch und schöpferisch ist, aus der alles Leben und alle Fruchtbarkeit, alle Liebe und Gemeinschaft hervorgehen. Die heutige Welt müsste diesen Sinn für die weibliche Kraft unbedingt wieder entdecken, die das Männliche ergänzt und ohne die der Mann tyrannisch, steril und destruktiv wird.

Das bedeutet, die westliche Religion muss wieder so weit kommen, dass sie den weiblichen Aspekt Gottes anerkennt.

Das Tao wird mit dem Wasser verglichen, das *„den zehntausend Dingen Leben schenkt"* (als Quelle aller Fruchtbarkeit).

> *„Nichts ist weicher und nachgiebiger unter dem Himmel als Wasser. Doch nichts ist besser für das Angreifen des Festen und Starken! Nichts kommt ihm gleich".*

Das ist die Tugend der Demut, der *„Armut im Geist"* – wie es die Bergpredigt ausdrückt –, der das Königreich der Himmel gehört. Das führt zu dem paradoxen Wert der Leere.

> *„Forme Ton zu einem Gefäß: Der leere Raum darin macht es brauchbar. Dreißig Speichen teilen sich in die Nabe des Rades: Das Loch in der Mitte macht es brauchbar. Brich Türen und Fenster in ein Zimmer: Die Öffnungen machen es brauchbar".*

Das ist wieder der Wert des Nicht-Handelns, das **Mahatma Gandhi** *ahimsa* (Gewaltlosigkeit) genannt hat. Nach dem Tao Te King sollte ein Land nicht durch Gewalt oder sonstige Ver-waltungsmaßnahmen des Herrschers regiert werden. Je organisierter ein Staat ist, desto größeren Widerstand ruft er hervor.

> *„Ein großes Reich ist wie Mündungsland. Es ist der Zusammenfluss der Welt, die Mutter des Universums. Das Weibliche überwindet das Männliche durch Stillhalten. Abwartend hält es sich in der Stille verborgen".*

Das ist eine seltsame, paradoxe Perspektive auf die menschliche Gesellschaft, aber könnte es nicht sein, dass es gerade das ist, was die Welt heute braucht?

Ein beliebtes Symbol für das Tao ist der *„unbehauene Klotz"*, das heißt die ursprüngliche Natur. Das ist die Wurzel, der Grund des Seins, das Zentrum, auf das sich alle Dinge zu bewegen. Es wird mit dem Leeren und der Ruhe gleichgesetzt, Ausdrücken, die auf das verborgene Mysterium des Universums hinweisen. Es wird wiederum die *„Mutter des Ursprungs"* genannt. So heißt es zum Beispiel:

> *„Der Geist des Tales versiegt niemals. Er ist das Weibliche, die Mutter des Ursprungs".*

Und an anderer Stelle:

> *„Wenn du die Pforten des Himmels öffnest und schließt (das heißt, die Pforten des Bewusstseins), kannst du dann die Rolle des Weiblichen spielen?"*

Das mag höchst paradox und unrealistisch klingen, doch Jahrhunderte lang ist jetzt die westliche Welt dem Pfad des Yang gefolgt – dem maskulinen, aktiven, aggressiven, rationalen, wissenschaftlichen Denken – und hat damit die Welt bis an den Rand des Abgrunds gebracht.

Es ist höchste Zeit, den Pfad des Yin wieder zu entdecken, des femininen, passiven, geduldigen, intuitiven und poetischen Denkens. Das ist der Pfad, den uns das Tao Te King vor Augen stellt.

DER MONOTHEISMUS INDIENS

Der Durchbruch des menschlichen Bewusstseins, der im ersten Jahrtausend in Indien und China stattfand, ereignete sich zur selben Zeit auch in Griechenland. Die griechischen Philosophen, angefangen mit **Thales von Milet** im 6. Jahrhundert v. Chr., waren die ersten im Westen, die ein streng rationales Denken entwickelten. Im 5. Jahrhundert kam diese Bewegung in **Sokrates** und **Plato**, die das rationale Denken als den Maßstab für Wahrheit und Ethik etablierten, zu einem Höhepunkt. Leider hatten die Griechen immer die Neigung, es beim rationalen Denken, das sich in Begriffen und Urteilen ausdrückt, bewenden zu lassen.

Aber es gab doch immer auch eine tiefere Denkströmung, die über den rationalen Verstand hinausging. Plato selbst räumte ein, Ägypten sei das Ursprungsland einer reiferen Weisheit des Westens. In Ägypten hielt man den Gott **Thot**, in Griechenland als **Hermes Trismegistos**, der dreimal große Hermes, bekannt, für die Quelle einer tiefen spirituellen Weisheit, die in Griechenland als die so genannte „hermetische Tradition" bewahrt wurde. Das war eine ursprünglich mystische Tradition, geeignet, den rationalen Verstand zu transzendieren und die Quelle aller Weisheit und Erkenntnis im *nous*, dem intuitiven Verstand, zu entdecken, den man wiederum von einem uranfänglichen Prinzip jenseits des menschlichen Verstandes ableitete.

Diese Einsicht wurde im Neoplatonismus entwickelt, besonders durch **Plotin** im 3. Jahrhundert n. Chr. Diese Philosophie, die dieselben Einsichten wie die der hinduistischen und buddhistischen Meister widerspiegelt, sollte einen tiefen Einfluss auf die Religion des Westens gewinnen und besonders auf den Islam und das Christentum einwirken, die beide eine mystische Tradition, verwandt der des Hinduismus und Buddhismus im Osten, entwickelten. Sie bildeten einen wesentlichen Teil der Philosophia perennis, der universellen Weisheit, die aller Religion zugrunde liegt.

Doch bevor wir uns mit dieser mystischen Tradition der westlichen Religionen befassen, müssen wir uns mit einer rein monotheistischen Religion in Indien beschäftigen.

Wie wir gesehen haben, hatte die Bhagavadgita den Grund für einen Glauben an einen persönlichen Schöpfergott und seine Verehrung gelegt. Im Lauf der Zeit verbreitete sich diese Religion der *bhakti,* glühender Liebe und Hingabe, über ganz Indien und entwickelte sich im Mittelalter in Gestalt der *Sant-Bewegung* zu einer Form des reinen Monotheismus. Die Hindus stellten sich den persönlichen Gott normalerweise in menschlicher Gestalt vor, als *Avatar,* als „*Abkömmling*" Gottes, in der Person Ramas, Krishnas oder irgendeines anderen Wesens inkarniert. Doch in der Sant-Bewegung begriff man den persönlichen Gott als Wesen ohne jede Gestalt, unendlich, ewig, unveränderlich, das Universum transzendierend, doch immanent darin anwesend und sich seinen Gläubigen als immanente Gegenwart im Herzen offenbarend.

Der große Exponent dieser Religion war **Guru Nanak**, Begründer der **Sikh-Religion**, die, obgleich sie weitgehend auf Indien beschränkt blieb, trotzdem in sich selbst die Prinzipien eines universellen Monotheismus enthält. Das Bemerkenswerte an dieser Religion ist, dass sie zwar aus dem Hinduismus stammt, doch fähig war, die Begrenzungen des traditionellen Hinduismus zu durchbrechen, Elemente des Islam, besonders der Sufi-Lehren, in sich aufzunehmen und sowohl unter Hindus als auch Moslems Anhänger zu gewinnen. Und was noch bedeutsamer ist: es gelang ihr, über das Kastenwesen hinauszukommen. Unter ihren Heiligen befinden sich auch Outcasts. Auf diese Art wurde sie zu einer wirklich universellen Religion. Auch überwand sie den in den meisten monotheistischen Religionen implizit vorhandenen Dualismus.

Um nun aber an der Transzendenz Gottes, des höchsten Wesens, festhalten zu können, sahen sich die Monotheisten stets gezwungen, die Welt als von Gott getrennt zu betrachten. Daher pflegten die Religionen überhaupt entweder in den Dualismus oder den Monismus zu verfallen. Um nicht sagen zu müssen, Gott und Welt sind zweierlei, wird der Monist die Realität der Welt überhaupt leugnen und behaupten, alle Vielheit sei Illusion.

Doch der Monotheismus Guru Nanaks und jeder authentischen Religion hält daran fest, dass Gott, die absolute Realität, sowohl transzendent als auch immanent ist. Die Welt als solche besitzt keine Realität – an und für sich ist sie *Maya,* Illusion –, sondern hat ihre Realität von Gott und in Gott. **Gott – Brahman, Tao** oder welchen Namen wir der absoluten Realität auch geben mögen – existiert in sich selbst, und Welt und Menschheit existieren nur im Verhältnis zu dieser einen Realität. Das ist die Lehre Guru Nanaks.

Gott, die ewige Wahrheit, manifestiert sich in der Schöpfung und im menschlichen Geist, bleibt aber dennoch der Welt und dem Denken transzendent. Die Erkenntnis Gottes gelangt dadurch zum Menschen, dass dieser über die Welt und das menschliche Herz meditiert. Aber nur die göttliche Gnade, die göttliche Erleuchtung, offenbart ihm das verborgene Geheimnis.

Es gibt sechs Worte, die das eigentliche Wesen von Guru Nanaks Religion kennzeichnen. Das erste ist **Sabad** (Sanskrit: **Sabda)**, das „**Wort**". Gott, das transzendente Mysterium, ist unaussprechlich, drückt sich aber in seinem Wort aus, das sich in aller Schöpfung offenbart und im menschlichen Herzen zu erkennen gibt – im Menschen, im Manas der Hindutradition. Von diesem Wort heißt es, es sei **anahat, „ungehört"** in dem Sinne, dass es ein inneres Wort ist. Das Wort drückt sich dann seinerseits im „**Namen**" aus **(Inam)**. Das ist der Inhalt aller Offenbarung Gottes, wie er sich in der ganzen Schöpfung widerspiegelt und im menschlichen Herzen erfahren wird. Beides, Wort und Name, wird vom Guru offenbart.

Der Guru ist eine Schlüsselfigur sowohl der Sikh-Religion als auch des Hinduismus, muss jedoch vor allem als innerer Führer gesehen werden. Der äußere Guru, wer auch immer das sein mag, ist nur dazu da, um den Schüler (den Sikh) zum inneren Guru zu erwecken, zum inneren Licht und zur Wahrheit. Der Guru offenbart den Willen Gottes **(hukam)**, der die göttliche Ordnung in der Natur ist. Wer diese allen veränderlichen Erscheinungen der Welt zugrunde liegende göttliche Ordnung erkennt, erkennt die Wahrheit **(sach**, Sanskrit: **Sat)**, was wiederum ein Geschenk der göttlichen Gnade **(nadar)** ist.

Vor unseren Augen entfaltet sich hier eine für die moderne Welt geeignete, in sich geschlossene Philosophie. Wir blicken auf die uns umgebende Welt, die Welt der Natur und der Menschheit, und unter aller Gewalt und allem Streit entdecken wir eine göttliche Ordnung, die die Wahrheit ist, die Realität hinter aller Erscheinung. Diese Erkenntnis des göttlichen Willens gelangt zu uns durch die Anleitung des Guru, wer auch immer das sein mag, der uns zum inneren Licht, dem Wort der Wahrheit im Innern, erweckt und uns ermöglicht, dessen *„Namen"*, den Charakter, die Person des innewohnenden Geistes, zu erkennen. Und all dies kommt zu uns durch die *„Gnade"* Gottes. Dieser Kontakt mit dem höchsten Mysterium führt und lenkt unser Leben, wenn wir uns selbst leer machen, unser Ich preisgeben und der göttlichen Wahrheit erlauben, unser Wesen in Besitz zu nehmen.

Bleibt nur noch anzumerken, dass der Gott des Guru Nanak, obwohl personhaft, keine menschliche Gestalt besitzt. Er ist formlos – *nirankar.* Mit anderen Worten, er ist wie der **Nirguna-Brahman** der Hindutradition *„ohne Eigenschaften"* und jenseits allen menschlichen Ausdrucks. Doch drückt er sich selbst in seinem Wort aus, seiner Selbstmanifestation in der Schöpfung, durch die er *saguna =* „mit Eigenschaften" wird, wodurch er sich im menschlichen Wesen offenbart und seinen *„Namen"* bekannt macht. Sein Name ist nun wiederum, wie sein Wort, kein spezifischer Name. Es ist der universelle Name, der Inhalt der göttlichen Offenbarung.

Der **Sikhismus** ist eine sehr strenge Religion. Er hält keinen Trost in Form eines anthropomorphen Gottes bereit, mit dem die Menschen Beziehung aufnehmen könnten. Man nähert sich ihm nur durch *bhakti,* das heißt liebende Hingabe, aber es ist die Hingabe der totalen Selbsthingabe, und die Einheit zwischen dem Menschlichen und dem Göttlichen – das *sahaj* – ist eine *unio mystica*, die sich in Worten nicht ausdrücken lässt.

Hier macht sich die *Nath-Tradition*, die Lehre des Yoga, die Teil der *Sant-Religion* war, bemerkbar. Für den Yogi war die Einheit mit dem Brahman keine Theorie oder Lehre, die sich in Worten ausdrücken ließ. Es war eine persönliche Erfahrung in den Tiefen oder dem Grund der Person.

So endet Religion dort, wo sie begann, im Mysterium. Es ist die Begegnung des transzendenten Mysteriums im Herzen der Welt mit dem im Herzen der Menschheit verborgenen Mysterium. Es ist eine Reise, die über das raumzeitliche Universum, über Verstand und Vernunft des Menschen, über die geschaffene Welt hinausführt, hinein in die ungeschaffene, zeitlose, raumlose Realität, die Leben, Wahrheit und Liebe ist.

DER SEMITISCHE MONOTHEISMUS

Wenden wir uns nun dem Monotheismus des Judentums und Islams zu, so treffen wir auf verschiedene Wege, sich ein und derselben Realität anzunähern. Beide Religionen entstanden in primitiven polytheistischen und polygamen Gesellschaften, die sich aus kleinen Stämmen zusammensetzten. Bei ihnen war Krieg das gebräuchliche Mittel, Streitigkeiten zu schlichten, und Frauen waren den Männern untertan. Die große Leistung beider Religionen war es, die Vorstellung von einem einzigen Gott zu entwickeln, allmächtig und allwissend, Schöpfer des Himmels und der Erde – das heißt der geistigen und der materiellen Welt.

Dieser Gott war ein *„gerechter"* Gott, der das moralische Gesetz aufrechterhielt, und ein *„heiliger"* Gott, der von seinen Gläubigen die totale Unterwerfung **(Islam)** verlangte. In beiden Religionen galt Gott als *„barmherzig und gnädig".* Diese beiden Attribute sind in der Tat die Haupteigenschaften Gottes, die täglich im Eröffnungsgebet des Korans wiederholt werden. Doch die Gnade und Barmherzigkeit Gottes kamen ausschließlich jenen zugute, die an ihn glaubten. Die übrigen waren zur ewigen Strafe verdammt.

Es ist dieser moralische Dualismus in den semitischen Religionen, der so viel Unglück auf der Welt angerichtet hat. Er beruht seinerseits auf einem metaphysischen Dualismus. Gott ist vollkommen transzendent, getrennt von der Welt, und obgleich er durch seine Gnade und Barmherzigkeit seine treuen Gläubigen zu sich zieht, kann die Spaltung zwischen Gott und Mensch niemals überwunden werden.

Kein Zweifel, dass dieser Dualismus den primitiven Bedingungen entsprang, unter denen die beiden Religionen entstanden. Jahwe war der „Herr der Heerscharen", das heißt der Heere Israels, der sie im Krieg gegen ihre Feinde anführte. Ebenso musste Mohammed für seine Anhänger gegen die ihnen Widerstand leistenden Clans kämpfen. So waren Gewalt und Kampf von Anfang an integrierender Bestandteil beider Religionen, und ihr Gott spiegelte unvermeidlich das Denken seiner Anhänger wider. Sowohl in Israel als auch im Islam schmolz diese Krieg- und Kampfsituation ein aus vielen Stämmen und Clans bestehendes Volk zusammen und vereinigte schließlich viele Nationen und Völker in einer religiösen Gemeinschaft. Sie vermochten allen Auflösungs-Tendenzen durch treuen Glauben an den einen Gott, dem die Gläubigen ihr Leben anvertrauten, zu widerstehen. Noch bemerkenswerter ist die Art und Weise, wie sie ein Dogmengebäude und eine religiöse Praxis entwickelte, die sie mit der großen Tradition der Weisheit Indiens und Griechenlands in Berührung brachten.

DER ISLAM UND DIE LEHREN DER SUFIS

Im Islam war dies das Werk der Sufi-Mystiker. Hundert Jahre nach Mohammeds Tod entwickelte sich eine Asketen- bewegung im Islam, zweifellos von den christlichen Mön- chen beeinflusst, die dieser Religion in Arabien, Ägypten und Äthiopien begegneten. Die Bewegung erhielt den Namen Sufismus, abgeleitet von dem wollenen Gewand *(suf)*, das die Mönche tragen.

Als sich der Islam westwärts über Nordafrika nach Spanien und ostwärts nach Palästina, Syrien, in die Türkei, den Irak und Iran ausbreitete, traf er auf die philosophische Tradition Griechenlands, besonders den Neoplatonismus, und die dichterisch und künstlerisch hoch entwickelte Kultur des Nahen Ostens. Dadurch entstand im Islam eine spirituelle Bewegung, die sich zu einer der tiefsten Formen der Philosophia perennis ausbildete.

Die Sufi-Mystiker entdeckten die symbolische Bedeutung der Lehren des Korans ebenso, wie die christlichen Mystiker mit der Symbolik der Bibel arbeiteten.

Al-Ghazali (1058 – 1111) schrieb einen Kommentar über den Koran und übte den größten Einfluss auf die Entwick- lung des Sufismus aus. Er war als einer der aktivsten Gelehrten des Islam zum Sufismus übergetreten und machte ihn für die orthodoxen Moslems annehmbar.

Doch die Persönlichkeit, in der die mystischen Lehren des Islam ihren vollkommensten Ausdruck fanden, war der *„große Scheich"* **Ibn al-Arabi**. 1165 in Spanien geboren, reiste er durch Nordafrika nach Mekka und in den Nahen Osten und ließ sich schließlich in Damaskus nieder, wo er 1240 starb. Er war nicht nur ein Mann hoher Bildung, sondern es wurden ihm auch mystische Erfahrungen und göttliche Offenbarungen zuteil. Sein großes Werk *„Mekkanische Offenbarungen"* hat 2.500 Seiten und ist immer noch nicht übersetzt. Sein kleineres Werk *„Facetten der Weisheit"* ist erst in neuerer Zeit ins Englische übertragen worden und verrät einen mit den höchsten Verstandesgaben ausgestatteten Geist. Mit anderen Worten: Ibn al-Arabi ist ein Beispiel für einen Mystiker, der gleichzeitig Philosoph ist und seine mystischen Einsichten in kohärente, nachvollziehbare Formen zu gießen vermag.

Das Grundprinzip seiner Philosophie ist das Konzept von der Einheit des Seins *Wuhdat al wujud*.

Nach diesem Prinzip sind alle Unterschiede, Ungleichheiten und Gegensätze nur die äußeren Facetten einer einzigen Realität. Mit anderen Worten: Er gelangte zur selben Erkenntnis der letzten Wahrheit und Realität, wie sie die großen hinduistischen und buddhistischen Philosophen gewonnen hatten. Der dem orthodoxen Islam inhärente Dualismus wurde von ihm überwunden, und der Islam lernte die Sprache universeller Weisheit sprechen.

Diese *„Einheit des Seins"*, in der alle Gegensätze versöhnt sind, ist die höchste Einsicht der Philosophia perennis. Durch den Verstand kann sie nicht erkannt werden. Doch wo sich das Herz gläubig der höchsten Realität öffnet, wird sie mit höchster Klarheit des Denkens erkannt. Ibn al-Arabi nennt dieses Prinzip *al hagg* = die Realität, während der persönliche Gott Allah die Form der Realität ist, die sie, gesehen in ihrer Beziehung zur erschaffenen Welt, annimmt. Ibn al-Arabi spricht dabei von dem *„im Glauben er-*

schaffenen Got"«, um diese Form Gottes von der Realität zu unterscheiden, die Gott und Welt in einem umfasst.

Es ist stets das Problem des Monotheismus gewesen, die eine, absolute, höchste Realität, also in der Sicht des Monotheismus den persönlichen Gott, mit der geschaffenen Welt von Zeit und Raum, der Veränderung und des Werdens in Einklang zu bringen. Für den orthodoxen Islam ist der Mensch ein Sklave *(abd)* Gottes, schon von Gott getrennt erschaffen und in Ewigkeit unfähig, an der göttlichen Natur teilzuhaben. Doch Ibn al-Arabi fand ein Verbindungsglied zwischen dem Menschlichen und dem Göttlichen. Er nannte es den *„Isthmus"* (barsakh). Es ist das, was man als *„den vollkommenen Menschen" (al Insan al Kamil)* bezeichnet.

Der universelle oder vollkommene Mensch ist der archetypische Mensch.

Nach der Lehre der Sufis hat jedes geschaffene Geschöpf seinen Archetypen, seine *„Idee",* im allschöpferischen Geist. Und der archetypische Mensch ist das Wesen, in dem sich die Form oder die Natur des Menschen offenbart. In einem schönen Bild wird das so ausgedrückt, dass er das Auge ist, durch das das göttliche Wesen sich selbst erblickt, und der vollkommene Spiegel, der das göttliche Licht widerspiegelt.

Wir müssen uns darüber im klaren sein, dass es über den individuellen menschlichen Verstand hinaus, der mittels des Körpers und seiner Sinne reflektiert, immer auch den universellen Geist gibt, die Quelle der Wahrheit, der Logik und Mathematik, der metaphysischen und ethischen Erkenntnis. Er ist die Quelle aller Gewissheit in der menschlichen Erfahrung. Er ist die Buddhi der Hindutradition, das

Prajna der buddhistischen Tradition, der *Nous* der griechischen Tradition.

Von Interesse ist, dass Ibn al-Arabi in diesem Zusammenhang das Wort *hayal* benutzt, das mit *„schöpferischer Imagination"* übersetzt worden ist. Es erinnert an die Kraft der Imagination, der wir schon bei **Wordsworth, Coleridge** und **Goethe** begegnet sind, der Kraft, die Schöpfung *„abzuspiegeln"*. Durch diese Kraft der Imagination spiegelt der göttliche Geist die Schöpfung ab und reflektiert die Schöpfung den göttlichen Geist.

Der vollkommene Mensch ist deshalb das Bild, in dem das göttliche Wesen die Schöpfung widerspiegelt und das Geschöpf den Geist Gottes widerspiegelt.

Nach der islamischen Überlieferung sieht Ibn al-Arabi in **Mohammed** das Bild des vollkommenen Menschen, doch findet sich bei ihm auch die interessante Idee des *„Heiligen"*, der hinter dem „im Glauben erschaffenen Gott" in die letzte Wahrheit und Realität hineinsieht, aus der Propheten und Apostel ihren Auftrag ableiten.

Jüdische Mystik – Die Kabbala

Israel begann wie der Islam mit einer primitiven Religion. Sein Gott **Jahwe** war ein Stammesgott, der für das Abschlachten der Erstgeborenen eines ganzen Volkes verantwortlich war und Israels Heer bei der Invasion Palästinas führte, wo er ihm befahl, alle Städte zu zerstören und Männer, Frauen und Kinder ohne Unterschied zu töten.

Doch aus dieser barbarischen Religion entwickelte sich unter Führung des **Mose** eine tief schürfende Lehre von Gott als dem Schöpfer und Herrn der Welt, *„heilig"* und *„gerecht"*, Urheber des moralischen Gesetzes.

Allerdings entstand dadurch ein Problem. Denn je erhabener Gott in seiner Heiligkeit war, desto mehr musste auch eine Kraft des Gegensatzes im Universum in Erscheinung treten, eine Gott in Gestalt des Satans entgegen gesetzten Kraft. Ursprünglich war Satan, wie im Buch Hiob, einer der *„Söhne Gottes"*. Doch im Lauf der Zeit wurde er, vielleicht unter dem Einfluss des persischen Dualismus, zu einer unabhängigen Kraft des Bösen, zum Teufel (dem *Diabolos* oder Zerstörer, der *„auseinander wirft"* und die Welt spaltet, im Gegensatz zu dem Symbol, dem *Symbolon*, das *„zusammenwirft"* und die Welt vereinigt). Aus diesem Gedanken entstand ein fundamentaler moralischer Dualismus im Judentum, der zum Glauben an eine ewige Belohnung der *„Gerechten"* und eine ewige Bestrafung der *„Bösen"* führte.

Doch sowohl im Judentum als auch im Islam entwickelte sich im Mittelalter, besonders in Spanien, in Gestalt der Kabbala eine bemerkenswerte Lehre, bei der wie die Sufis im Islam die jüdischen Mystiker diesen Dualismus überwanden und in den großen Strom der universellen Weisheit eintraten, die aus Indien und Griechenland überliefert war.

Die höchste Realität wurde in der Kabbala mit *„En Sof"* bezeichnet, dem *„Unendlichen".* Doch in dieser unendlichen, ewigen Realität kommt es zu einer Spaltung, die nichts anderes ist als die Entstehung des Selbstbewusstseins. Aus diesem Selbstbewusstsein des Ewigen entwickelt sich die Schöpfung. In der Unendlichkeit des Seins befindet sich eine unendliche Vielzahl möglicher Wesen, endlicher Formen oder Manifestationen des einen unendlichen Wesens.

Man stellte sich in der **Kabbala** vor, dass diese ursprünglichen Formen des Seins aus den zehn *Sephiroth* hervorgingen, den zehn Sphären der göttlichen Manifestation, einer Art geistigem Universum, das der Manifestation des geschaffenen Universums vorausging. Es bildete die archetypische Welt, aus der die geschaffene Welt, wie wir sie kennen, abgeleitet ist.

In einer Sichtweise, die uns an die *„Leere" (sunyata)* des Mahayana-Buddhismus erinnert, begriff man die Quelle dieser Manifestation des Unendlichen als Nicht-Sein. Dieses Nicht-Sein ist der Abgrund des Seins, die „göttliche Finsternis", wie es eine spätere Überlieferung ausdrückt, aus der alle Formen der Manifestation hervorgehen. Interessanterweise ist dieser Ursprung der Manifestation in einem „Punkt" konzentriert, in dem ursprünglich die gesamte Schöpfung „zusammengefaltet" war. Das erinnert uns an **David Bohms** Konzept des Universums als einer Entfaltung der *unentfalteten Ordnung*, in der die gesamte Schöpfung ursprünglich *„zusammengefaltet"* war.

In der jüdischen Tradition wurde diese Quelle der Manifestation des Unendlichen mit der Weisheit *(Chochmah)* Gottes identifiziert. In dieser ewigen Weisheit, so stellte man sich vor, existierten die Essenzen oder Ideen, die Archetypen allen geschaffenen Seins.

Wieder treffen wir hier auf die fundamentale Idee, dass die materielle, raumzeitliche Welt, bevor sie in Erscheinung tritt, im Geist des unendlichen und ewigen Seins konzipiert wird.

In der göttlichen Weisheit existieren alle Formen oder Ideen des geschaffenen Seins in einem undifferenzierten Zustand. Das Prinzip der Differenzierung, durch das die getrennten Formen des Seins – sowohl die materiellen als auch die menschlichen – ins Dasein treten, ist **Binah**, eine der **Sephiroth**, die Intelligenz. Wiederum wird hier die Intelligenz oder der Intellekt, der Nous, als die Quelle der Trennung, der *„Analyse"* gesehen, die das individuelle Sein von seiner Matrix, der göttlichen Mutter, welche die Schöpfung in ihrem Schoß empfängt, trennt. Doch dieser *„Punkt"*, aus der alle Schöpfung hervorgeht, ist ein dynamischer Punkt, vergleichbar einer Quelle. Es ist das mystische Eden, das Paradies, aus dem sich die Wasser des göttlichen Lebens über die Schöpfung ergießen.

All diese Ströme des göttlichen Lebens münden, so ist die Vorstellung, ins *„große Meer"*, die **Schechina**, Symbol der göttlichen Gegenwart in der Schöpfung. Es ist sehr interessant, dass man sich die **Schechina** als weiblich vorstellte, so dass die Kabbala nicht nur den Dualismus zwischen Gott und Schöpfung überwinden konnte, sondern auch den Dualismus zwischen Männlich und Weiblich, und einen weiblichen Aspekt in Gott zu sehen vermochte. Wie es ein Kabbalist ausdrückte:

„Betrachtet man die Dinge in mystischer Meditation, zeigt sich alles als eins."

Doch muss betont werden, dass es sich hier keineswegs um eine Form des Pantheismus handelt. Für den Pantheismus ist die Welt in ihrer ganzen Vielfalt und Komplexität Gott selbst. Das ist der gerade Gegensatz zu allen Formen des Monotheismus. Für die Kabbalisten aber, wie für die Überlieferung der Philosophia perennis überhaupt, ist die Welt mit Gott nur eins, wenn sie in ihrer ursprünglichen Einheit im göttlichen Geist, bevor irgendeine Form der Vielheit oder Komplexität auftritt, gesehen wird.

Wir müssen uns darüber im Klaren sein, dass die Welt der Erscheinungen, der Dinge, wie sie den Sinnen und dem rationalen Verstand erscheinen, eine Illusion ist (wie es der westlichen Wissenschaft allmählich dämmert), während es erst die Realität ist, die den Erscheinungen Dasein und Bedeutung gibt. Und diese Realität ist es, was die Monotheisten Gott nennen.

Es ist sehr interessant, dass auch die Kabbala die Lehre vom Menschen als einem Bildnis Gottes entwickelt und das Konzept des **Adam Kadmon** entwirft, des ursprünglichen Menschen – wie der vollkommene Mensch der Sufi-Tradition und der **Purusha** der Hindu-Tradition das Bildnis Gottes.

Wir sehen somit, wie sich in jeder Religion eine identische Lehre herausbildet, die man mit Recht als universelle Weisheit bezeichnen kann oder, mit den Indern, als den *Sanatana Dharma*, die ewige Religion.

Die Heilige Dreifaltigkeit und der Leib Christi

Nur sehr langsam emanzipierte sich das Christentum als eigenständige Religion vom Judentum. **Jesus von Nazareth** wurde in einer jüdischen Familie geboren und stammte, wie es heißt, von **David** ab. Er wuchs als Jude auf, sprach aramäisch und studierte die jüdischen Schriften ohne Zweifel in Hebräisch. Sein Geist und Charakter formten sich im Einklang mit der jüdischen Überlieferung, er dachte und sprach in Begriffen der traditionellen Religion Israels. Er akzeptierte das mosaische Gesetz als heiliges Erbe und interpretierte sein eigenes Leben und Schicksal im Licht der prophetischen Offenbarungen. Er machte sich die jüdische Erwartung eines Messias zu eigen, der die Welt erlösen und Gottes Plan der endgültigen Rettung der Menschheit enthüllen würde. Im besonderen sah er im *„leidenden Knecht"* des **Jesaia** die Gestalt, mit der er seine eigene Person und sein Schicksal identifizierte, und im *„Sohn des Menschen",* der im Buch Daniel auftritt, in den Wolken des Himmels kommen und das Reich Gottes errichten sollte, die Signatur seiner eigenen Berufung, das Reich Gottes zu gründen.

Als der Stern Israels sank und das Land der Juden zuerst von den Babyloniern, dann von den Persern und Griechen, schließlich von den Römern erobert wurde, richtete sich die Hoffnung Israels auf einen göttlichen Eingriff, der der gegenwärtigen Welt ein Ende setzen und ein neues Zeitalter einläuten würde. Von solcher Art war das Warten Israels auf das Kommen des Christus.

Doch verwurzelt in der Überlieferung des Gesetzes und der Propheten, wie er war, fühlte sich Jesus trotzdem aufgerufen, in mancher Hinsicht mit den Traditionen Israels zu brechen. Da war zuerst und in erster Linie der Brauch der strengen Beachtung des Sabbats. Dieser Brauch war schon zu einem Zwang geworden und verhinderte gerade die Absicht, die seiner Einrichtung zugrunde lag. Immer wieder zeigt sich, dass Jesus die strenge Beachtung des Sabbats ablehnte und erklärte:

„Der Sabbat ist für den Menschen gemacht, nicht der Mensch für den Sabbat".

Das galt auch für die gesamte Beachtung des Gesetzes.

Jesus relativierte das Gesetz der Religion und ordnete es dem einen universellen Gesetz der Liebe zu Gott und zum Nächsten unter.

Doch musste sich damit unweigerlich auch Jesu Einstellung zu dem unter dem Gesetz stehenden Volk ändern. Er pflegte mit voller Absicht Umgang mit *„Sündern",* Menschen, die durch Position oder Beruf daran gehindert waren, das Gesetz zu beachten. Das führte Jesus zum Beispiel dazu, Mitleid mit Prostituierten zu zeigen oder mit einer Frau, die beim Ehebruch ertappt worden war. Es führte ihn auch dazu, die Schranke zwischen Juden und Samaritern niederzureißen und die alte religiöse Spaltung aufzuheben, die Israel in zwei Teile getrennt hatte. Schließlich ging er so weit, Frauen – sogar eine Samariterfrau – auf der Basis der Gleichheit mit dem Mann zu akzeptieren.

Es ist für uns schwer vorstellbar, wie diese revolutionäre Einstellung auf die Menschen seiner Tage wirken musste, aber man begreift sehr gut, dass er sich damit Feinde in beiden Lagern machte, besonders bei jenen, die für die Aufrechterhaltung des Gesetzes eintraten. Auf diese Weise konzentrierte sich das Problem des Verhältnisses von Religion und Moral, das uns heute so vertraut ist, auch zur damaligen Zeit im Leben Jesu als Jude.

Doch erhebt sich eine große Schwierigkeit, wenn man versucht, Leben und Lehre Jesu heute zu interpretieren. Jesus selbst nämlich sprach aramäisch (einen dem Hebräischen verwandten semitischen Dialekt), und übertrug seine Botschaft einer kleinen Gruppe Schüler in Palästina. Als sich die christlichen Gemeinden über Palästina hinaus in die Städte des Römischen Reiches verbreiteten, sprachen die Schüler, die jetzt nicht mehr nur Juden waren, griechisch. Und Leben und Lehre Jesu wurden in Schriften niedergelegt, die man das **Neue Testament** nennt – im Unterschied zum **Alten Testament** der jüdischen Religion –, und zwar nicht in Aramäisch, sondern in Griechisch.

Infolgedessen kennen wir Leben und Lehre Jesu nur durch die Evangelien, die in der zweiten Hälfte des ersten Jahrhunderts in christlichen Gemeinden zusammengestellt wurden, wobei diese Gemeinden die Lehre unvermeidlich im Kontext ihrer eigenen Situation interpretierten. Dennoch kann nicht geleugnet werden, dass uns ein authentisches Porträt Jesu als Menschen und seiner grundlegenden Lehren in den vier Evangelien überliefert ist – vier verschiedenen Berichten, unter verschiedenen Umständen verfasst, doch im Kern einander gleich. Freilich lassen sich die Unterschiede nicht wegdiskutieren, und es ist unmöglich zu sagen, in welchem Ausmaß jeder Bericht durch Situation und Umstände seines Verfassers beeinflusst wurde.

Das zeigt sich vor allem dann, wenn wir das Verhältnis Jesu zum orthodoxen Judentum ins Auge fassen. Im **Evangelium des Matthäus,** das immer als das erste Evangelium betrachtet wurde und offensichtlich einen aramäischen

Hintergrund besitzt, tritt der jüdische Einfluss auf Jesu Lehren klar zutage, besonders in den harten Urteilen über *„Sünder"*, bei denen wir ständig daran erinnert werden, dass sie in die *„äußerste Finsternis"* mit *„Heulen und Zähneklappern"* geworfen werden. Möglich, dass Jesus eine solche Sprache, verwendete, doch viel wahrscheinlicher ist, dass dies eine jüdische Interpretation seiner Lehren ist, wobei der Dualismus des traditionellen Judentums stark in den Vordergrund tritt.

Jedenfalls macht sich im **Evangelium des Markus**, das die meisten Kritiker heute als das früheste ansehen und das wahrscheinlich in Rom, dem Zentrum der *„heidnischen"* Welt, verfasst wurde, dieser Aspekt nur selten bemerkbar. Und **Lukas**, der ebenfalls aus einer hellenistischen Perspektive schreibt, stellt vor allem die Barmherzigkeit Jesu heraus, wie sich zum Beispiel am Gleichnis vom guten Samariter und vom verlorenen Sohn erkennen lässt. Das ist von größter Wichtigkeit für unser heutiges Verständnis von Jesus.

Nichts ist der Lehre Jesu fremder als die Vorstellung von einem rächenden Gott, der den Menschen zur ewigen Strafe verdammt.

Diese Vorstellung dürfte das Erbe des semitischen Monotheismus sein, der nicht in der Lage war, den diesem Denksystem inhärenten Dualismus zu überwinden.

Wenden wir uns dem **vierten Evangelium** zu, wahrscheinlich Ende des ersten Jahrhunderts in Ephesus niedergeschrieben, so befinden wir uns in einer anderen Welt. Ephesus, in der heutigen Türkei gelegen, war ein Zentrum des so genannten Gnostizismus, und alle Anzeichen sprechen dafür, dass das vierte Evangelium in diesem Milieu verfasst wurde. Der Gnostizismus hat viele Formen angenommen: Hellenistische, jüdische und christliche, doch im Wesentlichen war er eine Form der Gnosis, ein Erwachen zur alten Weisheit, zur göttlichen Erkenntnis – oder, in hinduistischer Terminologie: zu *jnana* –, die über Persien und Ägypten in den Westen kam. Ein Großteil davon wurde auf diesem weiten Weg sehr entstellt, aber ein Funke der Weisheit des transzendenten Wissens blieb. Ihn finden wir im vierten Evangelium wieder.

Im Prolog spricht der Verfasser von Jesus als *„dem Wort"* oder *„Logos Gottes",* wodurch er ihn mit dem Logos des **Heraklit** und der stoischen Philosophen, aber auch mit der Weisheit der späteren Schriften des Judentums in Beziehung setzt. Denn außer dem Gesetz und den Propheten enthielten die jüdischen Schriften Texte, die sich auf die alte Weisheit Ägyptens und Babylons bezogen und so den Horizont des jüdischen Denkens erweiterten.

In der Weisheitsliteratur des Alten Testaments begegnen uns authentische Zeugnisse für diese alte Tradition der Weisheit. Und das vierte Evangelium stellt Leben und Lehre Jesu in diesen Zusammenhang. Es ist vor allem eine symbolische Erzählung. Der Verfasser verändert bedenkenlos Zeit und Ort und stellt zum Beispiel die Tempelreinigung an den Beginn der Tätigkeit Jesu, statt ans Ende. Damit nimmt er aber nur die alte Tradition symbolischen Denkens wieder auf. Das Symbol wird als Zeichen gesehen, in dem die Realität vergegenwärtigt wird und ihren tieferen Sinn enthüllt

Im vierten Evangelium wird allen Worten und Taten Jesu dieser symbolische Charakter gegeben. Jesus selbst ist ein Symbol Gottes, ein Zeichen, durch das sich das göttliche

Mysterium selbst vergegenwärtigt und bekannt macht. Die westliche Welt ist an abstraktes Denken, bei dem die Wahrheit durch allgemeine Begriffe vermittelt wird, gewöhnt doch wie wir gesehen haben, wurde im Altertum die Realität durch konkrete, anschauliche Symbole vermittelt. Ein Symbol ist ein Zeichen, durch das die Realität dem menschlichen Bewusstsein vergegenwärtigt wird.

In diesem Sinne werden im vierten Evangelium Jesu Worte und Taten als *„Zeichen"* gesehen, durch die sich die göttliche Realität, die absolute Wahrheit, all jenen bekannt macht, die fähig sind, sie zu empfangen. Sie richtet sich nicht an den rationalen, analytischen, wissenschaftlichen Verstand, der ihren Sinn doch immer verfehlen muss. Sie wird nur dem tieferen, intuitiven Verstand enthüllt, dem Nous oder Intellectus oder, noch besser, jenseits des Verstandes dem Zentrum der menschlichen Persönlichkeit, dem Geist, dem **Pneuma** des **Paulus,** dem **Atman** der Hindutradition, der das wahre Selbst, die innere Realität des Menschen ist.

Von besonderer Bedeutung ist die Aussage des vierten Evangeliums, der Logos, das Wort, sei *„Fleisch geworden".* Immer besteht nämlich die Gefahr, dass die Realität auf eine Abstraktion reduziert wird. Sie kann zum Beispiel zu einer universellen Idee werden, die, so tief sie auch sein mag, doch das *„Fleisch",* die konkrete Realität der menschlichen Persönlichkeit, nicht berührt

Es ist die besondere Offenbarung des vierten Evangeliums, dass die Realität, die Wahrheit, das Wort, in Fleisch und Blut eines menschlichen Wesens offenbart wird, das sein Blut am Kreuz vergießt und im Fleisch ins ewige Leben aufsteigt. Das räumt für alle Zeiten mit der Sichtweise auf, diese Welt von Fleisch und Blut, von Leiden und Tod, sei im Licht der Philosophia perennis etwas Unreales.

Im Gegenteil, unreal ist die Welt der Wissenschaft. Sie ist eine Welt der bloßen Sinnesphänomene und mentaler Abstraktion. Doch in der wirklichen Welt wird sie, während die Realität der Sinneserfahrung und des rationalen Wissens trotzdem nicht verloren geht, in die Welt des persönlichen Seins, des Ganzen, aufgenommen, von dem Sinne und Verstand erst ihre Realität erhalten. Das ist die Welt des vierten Evangeliums, wie die aller Ausprägungen der Alten Weisheit. Es ist die Welt, die wir erkennen, wenn wir aufhören, uns vom rationalen Verstand beherrschen zu lassen und das Licht der ewigen Wahrheit in unser Herz scheinen lassen. Der Jesus des vierten Evangeliums steht diesem göttlichen Licht stets offen:

>*„Du wirst die Himmel offen und die Engel Gottes auf- und niedersteigen sehen auf den Sohn des Menschen."*

Die Engel sind natürlich die Manifestationen der göttlichen Gegenwart (wie die Sephiroth in der Kabbala), und der Sohn des Menschen ist der ewige Mensch, die uranfängliche Person, die in Jesus von Nazareth gegenwärtig ist.

Der Jesus des vierten Evangeliums bezieht sich auf jeder Stufe seiner Entwicklung auf seinen Ursprung im Vater. Der Vater ist die Quelle, der Ursprung, das Eine. Jesus erhält sein Sein vom Vater. Er ist Gott *(theos)*, aus Gott *(ek tou theou)*. Diese Beziehung Jesu zum Vater wird durch das ganze Evangelium hin allmählich entfaltet. Er ist der Weg, der zum Vater führt, die Wahrheit, die den Vater offenbart, das Leben, das vom Vater ausfließt. Er erklärt der Samariterfrau, dass *„der Vater Beter verlangt"*, die *„im Geist und in der Wahrheit"* zu ihm beten, und spricht von einer Wasserquelle, *„die Wasser für das ewige Leben ausströmt"*. Er nährt die Hungrigen mit Brot und spricht von einem *„Brot, das vom Himmel hernieder kommt"*.

Immer bezieht er sich auf die transzendente Realität, das eine Licht, das eine Leben, die Quelle von allem. Er spricht davon, dass *„er sein Fleisch für das Leben der Welt gibt"* oder davon, dass man *„sein Fleisch essen und sein Blut trinken"* solle. Dabei ist immer vom Fleisch und vom Blut dcs ewigen Lebens die Rede, *„denn mein Fleisch ist die wahre Speise, mein Blut ist der wahre Trank"*, das heißt: In Wahrheit, in Wirklichkeit, nicht in der zeitlichen Erscheinung.

Diese Sprache ist für heutige Menschen fast unmöglich zu verstehen. Wir halten die Erscheinungen der zeiträumlichen Welt fälschlich für die Realität, und es fällt uns sehr schwer, hinter den Erscheinungen die eigentliche Realität zu erblicken, die sich doch immer dort befindet.

Es ist sehr wichtig, sich diese Abhängigkeit Jesu vom Vater klarzumachen. Es ist üblich geworden, von Jesus als von Gott zu sprechen. Aber das steht in völligem Gegensatz zum Neuen Testament. Im Neuen Testament ist das Wort *„Gott"* fast ohne Ausnahme für den Vater reserviert – die Quelle und den Ursprung aller Dinge. Jesus spricht von sich selbst niemals als von Gott, sondern betont stets seine totale Abhängigkeit von Gott.

„Der Sohn tut nichts aus sich selbst, sondern nur, was er den Vater tun sieht" »*Ich tue nichts aus eigener Macht!*"

Als man Jesus anklagte, er mache sich selbst zu Gott, war seine Antwort nicht, er sei Gott, sondern, es heiße im Alten Testament:

„Ihr seid Götter, und ihr alle seid Söhne des Höchsten".

Womit er unterstrich, dass das göttliche Leben allen angeboten wird, während er nur der Eine sei, *„den der Vater geheiligt und in die Welt gesandt hat".* Doch mit dieser totalen Abhängigkeit vom Vater empfängt Jesus auch alles vom Vater. Der Vater hat ihm *„alles in die Hände gegeben".* Das ist der tiefe Sinn hinter dieser Sprache von *„Vater"* und *„Sohn".* Der Sohn ist das Bild, der Selbst-Ausdruck, das Selbst-Bewusstsein Gottes.

Wie es die früheren Evangelien des Matthäus und Lukas ausgedrückt hatten:

„Keiner kennt den Sohn, nur der Vater, und niemand kennt den Vater, außer der Sohn".

Und sie fügen hinzu:

„Und der, dem der Sohn ihn enthüllen will".

Damit ist eine weitere Dimension im Mysterium des Sohnes angesprochen. Jesus ist nicht Sohn im exklusiven Sinn des Wortes. Jeder Mensch ist im *„Bild und Gleichnis Gottes"* geschaffen.

Jeder Mensch ist ein Gefäß Gottes.

Jesus kommt, um der ganzen Menschheit ihre Bestimmung zu offenbaren. Jesus spricht von sich selbst in Begriffen der innigsten Verbindung mit dem Vater:

„Ich bin im Vater und der Vater ist in mir",

„Wer mich sieht, sieht den Vater",
„Ich und der Vater sind eins".

Hier ist in den klarsten Worten die **„Nicht-Dualität"** zwischen Jesus und Gott ausgesprochen.

Er ist eins mit dem Vater und doch ist er nicht der Vater.

Das ist weder Monismus, eine simple Identität, noch Dualismus, eine echte Trennung. Es ist **„Nicht-Dualismus",** das in den hinduistischen, buddhistischen und taoistischen Schriften offenbarte und im Judentum und Islam entdeckte Mysterium. Hier befinden wir uns am Puls der kosmischen Offenbarung. Jesus macht das klar, wenn er für seine Schüler bittet, *„dass sie alle eins seien, wie Du, Vater, in mir bist und ich in Dir, so dass sie auch in uns seien".*

Das ist die Bestimmung der ganzen Menschheit, nämlich, ihre wesentliche Einheit in der Gottheit zu verwirklichen, wie auch immer diese Gottheit genannt werden mag, eins zu sein mit der absoluten Realität, der absoluten Wahrheit, dem unendlichen, dem ewigen Leben und Licht.

Aber diese Einheit kann ohne den Schmerz des Selbstopfers nicht erkannt werden. Sie verlangt *„nicht mehr und weniger als alles".* Jesus erklärte seinen Schülern:
„Wer sein Leben retten will, wird es verlieren; wer aber sein Leben um meinetwillen verliert, wird es retten."

Und er selbst wählte den Weg des Selbstopfers bis in den Tod. Dabei führte er einen furchtbaren Kampf, bei dem sein

Schweiß *„wie Blut tropfte"*, als seine menschliche Natur gegen den Schmerz, die Erniedrigung und den Tod, den er erdulden musste, rebellierte. Und er betete: *„Nimm diesen Kelch von mir"*, fügte jedoch sofort hinzu: *„Aber nicht mein, sondern dein Wille geschehe"*. Das ist der Preis: Die Hingabe des Selbstes, des abgetrennten individuellen Selbstes, das sterben muss, wenn das wahre Selbst gefunden werden soll.

Doch noch musste **Jesus** eine letzte Prüfung bestehen. Er war von seinem eigenen Volk abgelehnt, von der römischen Regierung verurteilt, von seinen Schülern verlassen worden, aber noch musste er ein letztes Opfer bringen. Er musste auch noch sein Bild von Gott verlieren. Als er sterbend am Kreuz hing, rief er aus: *„Mein Gott, mein Gott, warum hast du mich verlassen!"* Das ist die letzte Prüfung für jede spirituelle Persönlichkeit: ihr Bild und ihre Vorstellung von Gott aufzugeben und die Realität ins Auge zu fassen, die hinter allen Bildern und Vorstellungen liegt. Erst dann konnte Jesus sagen: *„Es ist vollbracht!"*

Bevor Jesus seine Schüler verließ, hatte er ihnen versprochen, ihnen den Geist zu senden (griechisch: *pneuma*, von der Wurzel **pnu** = atmen oder blasen, ähnlich dem Sanskritwort *Atman*, dem buddhistischen *Nirvana*, dem *„Verlöschen"*, dem lateinischen *animus* und *anima*, dem hebräischen **ruach**). Der Geist ist wie der Wind oder der Atem – *„niemand sieht, woher er kommt oder wohin er geht"* –, er ist unsichtbar. Jesus muss dem Fleisch nachgehen, um im Geist gegenwärtig sein zu können.

In jeder Religion gibt es Rituale und Lehren, durch die sich der Geist selbst mitteilt, doch haben wir stets über alle Rituale und Lehren hinauszugehen, um zu der Realität, die sie repräsentieren, zu gelangen. Wir kommen nicht ohne

Rituale und Lehren aus. Doch wenn wir auf diesem Niveau bleiben, werden wir zu Götzenanbetern, die die Wahrheit nicht erkennen. So ist der Geist in jeder Religion die Realität, die dem Befolgen von Ritualen erst Sinn gibt. Doch einen Ausdruck des Geistes gibt es, bedeutungsvoller als alle anderen, und das ist die Liebe.

Die Liebe ist unsichtbar, aber die mächtigste Kraft der Natur des Menschen.

Jesus sprach von dem Geist, den er senden würde, als von der Wahrheit, aber auch als der Liebe.

> *„Wenn jemand mich liebt, wird mein Vater ihn lieben und wir werden zu ihm kommen und in ihm Wohnung nehmen!"*

Das ist die Liebe, das in der **Bhagavadgita** verkündete *prema* und die *bhakti*, das Mitgefühl *(karuna)* des Buddha.

Der letzte Maßstab, der an eine Religion angelegt werden muss, ist ihre Fähigkeit, in ihren Anhängern Liebe zu erwecken und, was vielleicht noch schwieriger ist, diese Liebe auf die ganze Menschheit auszudehnen.

In der Vergangenheit hatten die Religionen die Tendenz, ihre Liebe auf ihre eigenen Anhänger zu begrenzen, doch gab es immer auch eine Strömung, diese Grenze zu durchbrechen und zu einer universellen Liebe zu gelangen.

Die universelle Weisheit ist notwendigerweise eine Botschaft der universellen Liebe.

Schließlich kann auch gesagt werden, dass das Mysterium der Gottheit, der letzten Wahrheit und Realität, nicht in einem persönlichen Gott oder in einem unpersönlichen Absolutum gefunden werden kann, sondern nur in einer interpersönlichen Beziehung, einer Kommunion der Liebe.

Das Universum ist einmal ein *„kompliziertes Gewebe voneinander abhängiger Beziehungen"* genannt worden **(Fritjof Capra)**. Ebenso kann die Menschheit als Ganzes als Gewebe interpersönlicher Beziehungen beschrieben werden. Jedes Wesen strebt spontan danach, sich auszudrücken und mitzuteilen. Das ganze Universum kann man sich vorstellen als die Art und Weise, wie sich die eine, unendliche, ewige Realität in Zeit und Raum ausdrückt und mitteilt.

Im Menschen findet dieses Sich-Ausdrücken und Mitteilen der ewigen Realität durch ein Bewusstsein statt, das sich in Erkenntnis und Liebe manifestiert. Daher kommt das höchste Wesen oder die absolute Realität zu den Menschen, um von ihnen verstanden zu werden. Sie möchte dadurch verstanden werden, dass sie sich in einem ewigen *„Wort"* oder einer ewigen *„Weisheit"* ausdrückt, die in der Struktur der Welt und im menschlichen Herzen offenbar wird und sich in einem heiligen Geist oder einer göttlichen Energie mitteilt, die sich in allen Energien der Natur und in den Menschen vor allem als Energie der Liebe manifestiert. Auf diese Weise wird die Gottheit als Dreifaltigkeit begriffen. Der Vater, Grund und Quelle des Seins, drückt sich in Ewigkeit im Sohn, dem Wort oder der Weisheit aus, die die Gottheit offenbart, und der Heilige Geist ist die Energie der Liebe, der weibliche Aspekt Gottes, durch den sich die Gottheit in Ewigkeit in Liebe mitteilt.

Alle menschliche Weisheit und Liebe ist eine Manifestation dieser ewigen Weisheit und Liebe in Zeit und Raum.

In der christlichen Überlieferung wird das *„Wort"* Gottes so verstanden, dass es seine volle und endgültige Offenbarung in Jesus Christus erfahren hat, und der Geist Gottes in der Weise, dass er in der Fülle der Liebe offenbart worden ist, die sich im Opfer Jesu Christi am Kreuz manifestiert hat und in der Kirche als der Geist der Liebe, der jedem Christen mitgeteilt wird, gegenwärtig ist.

An dieser Stelle wird der weibliche Aspekt Gottes offenbar, obwohl in der christlichen Überlieferung nur selten von ihm die Rede gewesen ist. Wenn der Sohn vom Vater *„gezeugt"* ist, so muss auch eine Mutter da sein, von der er empfangen wurde. Bei der Fleischwerdung wurde der Sohn im Schoß der Jungfrau empfangen, die vom Heiligen Geist überschattet war.

In Ewigkeit wird der Sohn vom Vater gezeugt und im Schoß der Mutter, dem Heiligen Geist, empfangen, so wie bei der Schöpfung der Vater den Samen des Wortes in die Materie sät und der Heilige Geist, die Mutter, diesen Samen nährt und alle Formen der Schöpfung hervorbringt.

In der Hindu-Überlieferung geht die Welt aus der Vereinigung von **Purusha** und **Prakriti**, dem männlichen und weiblichen Prinzip, hervor, und in der Sufi-Lehre wird die Welt durch den *„Atem des Barmherzigen"* ins Dasein gerufen. In den semitischen Religionen hat die Furcht vor der Explosivkraft des Geschlechtlichen häufig zur Unterdrückung der Frau geführt. Es wurde versäumt, die Gegenwart des Weiblichen in Gott anzuerkennen.

Doch die Aufnahme des *„Hohenliedes der Liebe"* in die heiligen Schriften Israels öffnete den Weg zur Anerkennung der wesentlichen Heiligkeit auch der Geschlechtsliebe, wie sich in den christlichen Kommentaren zum *Hohenlied von Origenes* im dritten Jahrhundert bis zum **hl. Bernhard von Clairvaux** im zwölften erweist. In der hinduistischen und buddhistischen Tradition ist die Geschlechtsliebe stets als Symbol für die göttliche Liebe gesehen worden. Besonders bedeutsam ist Ibn al-Arabis Ausdruck *„Atem des Barmherzigen"* *(nafas al rahman)*, da das Wort *rahman* von der Wurzel *rahima* stammt, was *„Schoß"* bedeutet Der *„Barmherzige"* wird also als *„Schoß"* begriffen, aus dem alle im göttlichen Geist schlummernden Möglichkeiten der aktuellen Schöpfung freigesetzt werden.

So lässt sich also in allen großen religiösen Traditionen ein Grundmuster feststellen:

- Da ist zuerst das höchste Prinzip, die letzte Wahrheit jenseits von Name und Form, das Nirguna-Brahman des Hinduismus, das Nirvana und Sunyata des Buddhismus, das Tao ohne Namen der chinesischen Tradition, die Wahrheit des Sikhismus, die Realität – al Hagg – des Sufismus, das unendliche En Sof der Kabbala, die Gottheit (im Unterschied zu Gott) im Christentum.

- Zum anderen ist da die Manifestation der verborgenen Realität, das Saguna-Brahman des Hinduismus, der Buddha oder Tathagata des Buddhismus, der chinesische Weise, der Guru der Sikhs, der persönliche Gott Jahwe oder Allah des Judentums und Islam und der Christus des Christentums.

- Schließlich ist da der Geist, der Atman des Hinduismus, das Mitleid des Buddha, die Gnade (Nadar) des Sikhismus, der „Atem des Barmherzigen" im Islam, die Ruach, der Geist, im Judentum und das Pneuma im Christentum.

- Doch in jeder Religion ist diese universelle Wahrheit in eine Gemeinschaft eingebettet, in der sie durch Ritual und Lehre eine besondere Struktur erhält, wodurch die eine Religion von der anderen getrennt ist.

Im Christentum wurde die göttliche Offenbarung in Christus in die **Kirche** eingebettet. Diese Kirche nahm verschiedene Formen an, während sie sich im Römischen Reich und dann in Europa und darüber hinaus ausbreitete. Doch in einem Frühstadium dieser Kirche entstand eine Vorstellung von ihr als einer universellen Gemeinschaft. Das zeigt sich besonders im Brief an die Epheser, der aus derselben gnostischen Umgebung wie das vierte Evangelium stammt.

Der Brief an die Epheser übernimmt vom Brief an die Kolosser, ebenfalls aus demselben Milieu stammend, das Konzept des *Pleroma*, der „*Fülle*", das im Sanskrit dem *purnam* entspricht. Es bedeutet die absolute Fülle der Realität, doch heißt es jetzt im Christentum, dass diese Fülle in Christus wohnt – „*in ihm wohnt die Fülle der Gottheit leiblich*". Das ist ein bemerkenswerter Satz, gibt er doch eine Vorstellung von der Gottheit wie bei **Meister Eckhart** wieder, jenseits des persönlichen Gottes. Es heißt also, dass diese Fülle „*leiblich*" in Christus wohnt. Das bedeutet, die göttliche Fülle oder letzte Realität ist in ihrer Fülle in einem Menschen gegenwärtig.

Der Brief an die Epheser fährt fort, dass diese Fülle in der Kirche gefunden werde, „*die sein Leib ist, die Fülle von Ihm, der alles in allem füllt*". Wir haben hier die Vorstellung von einer menschlichen Gemeinschaft, die die ganze Schöpfung umfasst. Denn nach dem Brief an die

Kolosser sind in Christus *„alle Dinge geschaffen, im Himmel und auf Erden ..., alle sind durch ihn und zu ihm geschaffen"*.

Das ist eine wahrhaft kosmische Vision, die die ganze Schöpfung umfasst, von der wir heute wissen, dass sie ein integriertes Ganzes ist. Diese Schöpfung bildet wiederum einen Leib, einen lebendigen Organismus, der in der Lage ist, die ganze Menschheit zu umfassen. Wir haben hier also die Vorstellung von einer universellen Gemeinschaft, fähig, die universelle Weisheit zu verkörpern und die ganze Menschheit in einem Leib zu vereinen, einem lebenden Ganzen, in dem die Fülle, das Ganze der Gottheit, wohnt.

Es ist bezeichnend, dass **Mohammed** im Koran darauf bestand, Gott habe keinen Sohn. Denn eine solche Auffassung hätte die Einzigartigkeit des monotheistischen Gottes, an den er glaubte, unterhöhlt. Indem er sich selbst Sohn nannte, setzte sich Jesus in Beziehung zu Gott, zur letzten Wahrheit und Realität. Gott ist in dieser Auffassung keine isolierte Monade. Die Gottheit, das göttliche Wesen selbst, konstituiert sich in einer Beziehung. Doch das bedeutet nicht nur, dass Jesus der Sohn Gottes ist, sondern dass die ganze Menschheit in Jesus zu dieser Beziehung zu Gort geführt wird.

Die Schöpfung selbst ist, nach **Thomas von Aquin,** eine Beziehung zu Gott. Sie hat keine Existenz in sich selbst, sondern existiert nur in Beziehung auf Gott. In Jesus werden die gesamte Schöpfung und die gesamte Menschheit zu dieser lebendigen Beziehung, in der Jesus zum Vater steht, geführt. Wir sind zu *„Gottes Volk"* geworden (l. Petrusbrief, Kap. 2). Das gerade aber möchte der semitische Monotheismus nicht wahrhaben. Doch die gesamte Überlieferung der universellen Weisheit sieht diese innige Beziehung zwischen Gott und Menschheit, zwischen Gott und Schöpfung.

Die Welt ist nicht gespalten, es gibt keine Trennung zwischen Gott und Welt. Aber Beziehung ist nicht Identität, Jesus ist nicht identisch mit dem Vater, er ist nicht der Vater, und doch ist er eins mit dem Vater. Das ist weder Monismus noch Dualismus, sondern **„Nicht-Dualismus"** *(advaita)*, eine übernatürliche Beziehung, die in menschlichen Begriffen adäquat nicht ausgedrückt werden kann.

Wenn Jesus in dieser einzigartigen Beziehung eins mit dem Vater, mit Gott ist, so sind es auch all jene, die auf diesen Ruf antworten. Das Wort, das in Jesus *„Fleisch wurde", „erleuchtet jeden Menschen"* (Johannes 1, 9). Dieses Wort ist das Licht, die Wahrheit, das Wort Guru Nanaks, der Name, der über alle Namen ist, der Guru im Innern, von dem jeder äußere Guru zeugt.

Als Jesus seine Schüler verließ, sandte er ihnen den Heiligen Geist, der ewig bei ihnen sein würde (Johannes 16,7). Der Heilige Geist ist die einwohnende Gegenwart Gottes, die Quelle aller Weisheit, Wahrheit und Güte. Vor allem ist er die Liebe, die die Welt schuf und sie erhält, die Gnade und Barmherzigkeit, Güte und Vergebung ist. In der Dreifaltigkeit wird Gott nicht als Person, die der Welt gegenübersteht, offenbart, sondern als die Gemeinschaft der Liebe, die die ganze Menschheit und Schöpfung umfasst und jene Weisheit ist, die dem All seine Ordnung gibt.

Denn Weisheit ist Erkenntnis durch Liebe.

In der Praxis natürlich hat sich die Kirche in unzählige kleine Kirchen gespalten, jede mit ihrem eigenen beschränkten Horizont und abgeschnitten von den großen religiösen Traditionen der Welt.

Doch heute sind wir imstande zu sehen, wie die christlichen Kirchen, während sie die Werte aller vorhandenen christlichen Überlieferungen anerkennen, diese Spaltungen überwinden und sich zugleich den Werten und Einsichten anderer Religionen öffnen können, jede Religion muss ihren Tod und ihre Auferstehung erleben – einen Tod in Bezug auf ihre historischen und kulturellen Begrenzungen und eine Auferstehung zu einem neuen Leben im Geist.

Dieses neue Leben würde die Traditionen der universellen Weisheit in einer Weise umfassen, die dem Bedürfnis der heutigen Menschheit entspricht. Kein Zweifel, wir alle sind noch weit davon entfernt, diese Einheit zu verwirklichen.

Aber wenn sich die Weltreligionen heute begegnen, entdecken wir unser gemeinsames Erbe und werden uns der Einheit bewusst, die die ganze Menschheit verbindet und ihr ihre Verantwortung für die ganze Schöpfung bewusst macht Der Begriff der **einen** Welt, der **einen** Menschheit und der **einen** Religion, die auf der universellen Weisheit beruht, hat eine neue Bedeutung erlangt, als ein Weg, den katastrophalen Konflikten, die die heutige Welt spalten, zu entkommen.

Ich habe immer geglaubt, dass alle großen Weltreligionen Liebe und Selbstlosigkeit verkünden und versuchen, ihre Anhänger zu besseren Menschen zu verwandeln. In ihrem Wesenskern haben sie alle die gleiche Botschaft. Aus diesem Grunde bewundere ich sehr die lebenslange Arbeit von Dom Bede Griffiths *für das interreligiöse Verstehen und sein Bemühen, den Menschen behilflich zu sein, Herz und Verstand zu öffnen, um ein Gefühl von Frieden und Nutzen auf dem Wege zur Verständigungsbereitschaft unter allen Menschen zu erreichen.*

S.H. XIV. DALAI LAMA

6. August 1993

Tor zur Erkenntnis der höchsten Wirklichkeit

Diesen Essay übergab Bede Griffiths O.S.B. am 4. Dezember 1992, wenige Monate vor seinem Tod, an seinen Schüler Roland R. Ropers

Dzogchen ist die Hauptlehre der Nying-ma Schule des Tibetischen Buddhismus, die als die wichtigste und geheimste Lehre des Shakyamuni Buddhas angesehen wird.

Dzogchen, was *„die große Vollkommenheit"* (**Dzog** = Vollkommenheit, **chen** = groß) bedeutet, ist ein Weg der Verwirklichung, ein Weg, um die Fülle von Weisheit und Mitgefühl zu erfahren. Die Tradition des Dzogchen wurde im 8. Jahrhundert von **Padmasambhava** und **Vimalamitra** nach Tibet gebracht und im 14. Jahrhundert von **Longchenpa** zu einem einheitlichen System verdichtet.

Normalerweise sind drei Übungsstufen notwendig, um die große Vollkommenheit zu erreichen.

Man beginnt mit der Lehre und der Disziplin des Buddha. In der ersten Phase – Meditation oder Sutra – wird außerdem meditiert, man praktiziert Yoga, führt Rituale aus und wird in die verschiedenen Stufen des spirituellen Lebens eingeführt.

Danach kommt Tantra, die zweite Stufe. Anders als auf der Sutra-Stufe, wo man dazu neigt, die Welt hinter sich zu lassen und sich auf das Innere zu konzentrieren, beginnt man hier auf der Tantra-Stufe mit dem Körper, dem Atem, dem Blut und den Gefühlen. Es ist das Gegenteil der Sutra-Stufe.

Dort lässt man alles hinter sich. Man vergisst seinen Körper, vergisst seine Gefühle und konzentriert sich auf seinen Geist, der sich dem Transzendenten öffnet. Auf der Tantra-Stufe beginnt man mit dem Körper, mit den Sinnen, den Gefühlen und dem Atem – besonders dem Atem. Im Tantra beginnt man aus den Mächten des Unbewussten zu schöpfen.

Die Christen wissen im Allgemeinen überhaupt nichts über diese Mächte des Unbewussten. Unsere (christliche) Religion bleibt im bewussten Bereich, den wir ganz wunderbar entwickelt haben. Doch jenseits des Bewussten, da wo wir *eins sind mit der Natur,* gibt es das Unbewusste mit all seinen dynamischen Kräften, die ungeheuer mächtig sind, aber kontrolliert werden können. Denn man kann lernen, sie in der Natur und im eigenen Wesen (Sein) zu beherrschen.

Auf der dritten Stufe dann geht man über Meditation und Tantra hinaus und erkennt, was als der ursprüngliche Zustand, als *die eigene innere Buddha-Natur* bekannt ist. In christlicher Ausdrucksweise würden wir sagen: Man hat einen Körper und gelernt, einen großen Teil dieses physischen Organismus zu beherrschen. Außerdem hat man einen psychologischen Organismus mit Sinnen, Gefühl, Einbildungskraft, Verstand und Wille. Schließlich geht man über den Körper und über die Psyche hinaus zum **Geist** (**spiritus** im Lateinischen), dem **Pneuma** (im Griechischen), dem **Atman** (im Sanskrit), um sich dort dem Göttlichen, dem Transzendenten, dem Unendlichen zu öffnen. Das Ziel all dieses Übens ist die Öffnung zum Unendlichen und Ewigen, das in jedem Menschen und in allem ist.

Gott ist in jedem und in allem, aber er ist verborgen.

Wir leben im Körper und vergessen den Geist (engl. = **spirit**). Wir leben in unserer Psyche und sind vollkommen mit ihr beschäftigt.

Die meisten von uns Christen haben den Geist (spirit) noch gar nicht entdeckt. Unsere Religion bewegt sich zum größten Teil auf der Ebene von Körper und Psyche, in unserem Intellekt, unserem Willen, unserem bewussten Verstand (engl. = **mind**). Das ist gut, aber begrenzt.

Denn erst jenseits von Körper und Psyche, auf der Ebene des Pneuma oder Geistes (spirit), befindet sich der Ort, den der heilige **Franz von Sales** den „**Öffnungspunkt der Seele"** und der große Jesuit und Theologe **Karl Rahner** als den Punkt der Ich-Transzendenz bezeichnete. Wir besitzen die Fähigkeit, den Körper und die Seele zu transzendieren und uns dem Göttlichen, dem Unendlichen und Ewigen zu öffnen: dem, was jedem menschlichen Wesen innewohnt. Dem, was die **Buddha-Natur** genannt wird. Aber sie ist verborgen. Sie ist sozusagen der Urgrund. Dieses verborgene Zentrum, in dem wir eins sind mit dem Höchsten, mit dem Ewigen, sollen Meditation und Tantra öffnen helfen.

Die Lehre des Dzogchen jedoch besagt, man müsse diese ganze Disziplin und das Tantra nicht auf sich nehmen.

Es ist möglich, plötzliche Erleuchtung zu erfahren, was normalerweise durch Übertragung (Transmission) geschieht.

Das entspricht auch der Hindu-Tradition. Sie sagt, dass ein Guru die Erfahrung von Brahman, die Erfahrung des Unendlichen gemacht hat. Er ist der Übertragung auf jemanden fähig, der sich ihm öffnet und dann erleuchtet wird. So kann ein Mensch plötzliche Erleuchtung erfahren: Die vollkommene Einheit mit dem Höchsten – **brahma-**

vidya –, die Verwirklichung des Atman, die Verwirklichung des eigenen inneren Selbstes. Dabei entdeckt man das Unendliche, das Ewige.

In der buddhistischen Tradition ist es die Entdeckung der Buddhanatur – man tritt ein in die Buddhaschaft. In Indien bezeichnet **Jivanmukta** einen zu Lebzeiten befreiten Menschen. Und Dzogchen spricht von der höchsten Stufe als von dem *ursprünglichen Zustand, der von Anfang an da war, verborgen jenseits des Körpers, der Sinne, der Gefühle und aller Begrenzungen.*

In der Dzogchen-Lehre erfährt man seine Buddha-Natur, seinen ursprünglichen Zustand. Dieser Zustand ist absolute Vollkommenheit. In ihm ist alles in vollkommener Ganzheit, Fülle und Glückseligkeit enthalten. In der Hindu–Tradition sprechen wir von Satcitananda: Sein in vollkommener Bewusstheit und absoluter Glückseligkeit. Das ist das Ziel für alle Hindus.

Im Dzogchen, so heißt es, kann der Meister einen in die Erfahrung des ursprünglichen Zustandes einweihen. In diesem Zustand lässt man die Welt *nicht* hinter sich. Ich glaube, dass bei der Meditationsbewegung eine Tendenz dazu besteht, die Welt hinter sich zu lassen. Man konzentriert sich auf seinen Verstand und geht über ihn hinaus – aber die Welt geht verloren. Man weiß nicht mehr, wie man zu ihr in Beziehung treten soll. Man neigt dazu, alles für eine Illusion zu halten. Das ist sehr gefährlich: Es ist eine Art Dualismus.

Im Dzogchen und in den tieferen Traditionen des Buddhismus und Hinduismus aber muss man alle anderen Stufen der Wirklichkeit in das Höchste *integrieren*.

Das Physische und die Psyche mit allen jeweiligen Aspekten müssen in die höchste Weisheit integriert werden.

Das ist **Jnana** – wobei die Wurzel *jna* (Sanskrit) dieselbe ist, wie im englischen Wort *know* – das göttliche Wissen. In Indien sprechen wir von *Jnana*, im Buddhismus von *Prajna* und im Griechischen von *Gnosis*, dem Göttlichen Wissen. Wenn man das Göttliche Wissen teilt, macht man die Erfahrung des *Unendlichen Transzendenten Einen.*

Dzogchen sagt, dass man in diesem Zustand sein ganzes Sein integriert hat, das Sein der Natur um einen herum, das Sein des Körpers und der Psyche mit all ihren Fähigkeiten. Sie alle sind in der einen Höchsten Wirklichkeit vereint. Diese totale Einheit zu erreichen, ist das Ziel von Dzogchen. Damit steht es übrigens der christlichen Idee von *Pleroma* (griech.), wie sie in der Bedeutung von *Fülle* in den Briefen des Paulus zu finden ist, außerordentlich nahe. Die Idee besagt, dass Christus die Pleroma Gottes ist. Die Fülle des Göttlichen war in Christus gegenwärtig.

> *„In ihm war die Fülle der Gottheit verkörpert."*

So ist für uns Christen Jesus Christus der eine, in dem die Fülle der göttlichen Wirklichkeit vollkommen gegenwärtig ist. Später heißt es:

> *„Er ist der erste von den Toten Auferstandene und die Kirche ist die Fülle Christi."*

So kommt die Fülle vom Vater, der Quelle, zu Christus, und geht von Christus auf die Kirche über, auf uns und auf die Jünger. So erfahren wir seine Fülle. Nun können wir sehen, so scheint mir, dass der Hindu, der Buddhist, der Moslem und der Christ alle nach der Erfahrung dieser Fülle, dieser Pleroma der Wirklichkeit streben, die in jeder Lehre gleichermaßen *Weisheit und Liebe* ist. Das sind die beiden Merkmale.

In unserer christlichen Tradition sagen wir, dass der Vater die Quelle ist, der Ursprung, das Jenseitige. Wir können den Vater nicht angemessen benennen: Es ist nur ein Name für das, was jenseits aller Namen und Formen ist.

In der Tibetischen Tradition ist in jenem ursprünglichen Zustand alles vollkommen eins. Alles ist in der Einheit versammelt und manifestiert sich dann im Universum. Das Universum entspringt aus seinem ursprünglichen Zustand in all seiner Vielfältigkeit. Die Erde, der Himmel, die Bäume, Menschen.

Wir alle sind Manifestationen der höchsten Weisheit, die wie in einem Spiegel reflektiert wird. Das Universum ist wie ein Spiegel, der den ursprünglichen Zustand, die ursprüngliche Wirklichkeit wiedergibt. Wir alle reflektieren sie auf unsere begrenzte Art und Weise. Aber wir können im Verstehen wachsen, bis wir ganz und gar Spiegel werden.

Wir sagen, dass Jesus das Abbild des unsichtbaren Gottes, der vollkommenen Wirklichkeit ist. Und da wir alle nach dem Bilde Gottes geschaffen sind, können wir dieses Bild der einen Wirklichkeit in uns selbst finden. Im Dzogchen erkennen wir es plötzlich, in anderen Lehren nähern wir uns ihm schrittweise durch Meditation, Studien, Yoga und Disziplin an.

Aber wir dürfen die Disziplin der Liebe nicht vergessen.

Es geht nicht nur um Sitzen und Meditation: *Karuna* (Sanskrit) = Mitgefühl ist einer der wesentlichen Wege, um Gott zu erfahren. Man erfährt die Fülle, die Ganzheit und die Nicht-Dualität. Dies ist ein sehr wichtiges Konzept, das heute gerade in unsere Theologie eindringt: Dass *die absolute Wirklichkeit nicht eins ist und nicht zwei.* Das ist das Problem mit dem Gott der christlichen Tradition. Wir denken an ihn als an eine Person – als den Himmlischen Vater. Es ist immer eine Person; wir projizieren ein Bild und beten jenes Bild als Gott an. Aber wir wissen, dass kein Bild und kein Konzept ausreichend sind.

Wir müssen über unsere Bilder hinausgehen.

Wir müssen unsere Bilder von Jesus usw. zurücklassen. Wir müssen unsere Konzepte von der Trinität und auch der Inkarnation zurücklassen, weil die Wirklichkeit immer jenseits unserer Bilder, jenseits all unserer Gedanken ist. Wir bewegen uns immer auf die unendliche Transzendenz, das *Heilige Eine* zu, und das wird das Ende unseres Lebens sein. So enthüllt sich das göttliche Mysterium in der Schöpfung, in der Menschheit und erreicht für den Christen in Christus seinen Höhepunkt. Die Kirche ist der Körper und Christus ist der Kopf dieses Körpers, der Kopf der ganzen Schöpfung und dann geht er darüber hinaus und führt die ganze Schöpfung, die ganze Menschheit zurück zu ihrer Quelle in der *Gottheit.*

Es gibt einen Aspekt von Dzogchen, der eine sehr enge Analogie zum Christentum hat. Im Dzogchen wird der ursprüngliche Zustand, die Höchste Wirklichkeit plötzlich, ohne die Vorbereitung durch Meditation oder Yoga, erfahren.

In der christlichen Tradition ist die Kontemplation auch ein Geschenk Gottes. Es ist nichts, was wir durch Meditation oder persönliche Anstrengung erreichen können. Es ist reine Gnade. Es kommt zu jenen, die bereit sind, zu empfangen – nicht als etwas durch menschliche Anstrengung Erreichtes, sondern als ein Geschenk der Gnade.

Es ist Gottes Handlung in uns, nicht unsere eigene Handlung.

In der hinduistischen und in der buddhistischen Tradition kann es als Geschenk des Gurus in Erscheinung treten, der den Schüler zu seiner Gegenwärtigkeit erweckt. Für den Christen kommt es als Geschenk des Heiligen Geistes, das von Christus als dem *Sat-Guru*, dem höchsten Lehrer gegeben wird, der sein eigenes inneres Leben auf seine Jünger überträgt.

TEIL II

Roland R. Ropers

KONTEMPLATIVE TEXTE

KONTEMPLATION
ERWACHEN ZUR GEGENWART GOTTES

Wir leben in einer sehr aufregenden Epoche in der Geschichte des Planeten Erde, auf dem die Existenz der Schöpfung Gottes bedroht zu sein scheint. Die Natur gibt in allen Teilen unseres Globus ständig neue Alarmzeichen, die im täglich sich erneuernden Sensations-Tornado des Medien-Lärms schnell verklingen und nicht tief genug in unser Bewusstsein eindringen. Die sich rasant fortentwickelnde, virtuelle Cyber-Space-World entführt den Menschen in ein übermächtiges Umfeld von Illusion und Distanz vom göttlichen Wesensgrund. Phantasiegebilde außerirdischer Entitäten füllen das Unterbewusstsein einer von zentrifugalen Kräften gesteuerter Spezies, die sich als *„homo sapiens"*, weiser Mensch, zu definieren glaubt und auf dem Hochaltar der Biotechnologie zur Disposition gestellt wird.

Der Gedanke macht die Größe des Menschen.

Die Welt ist so unruhig, man denkt fast nie an das gegenwärtige Leben und an den Augenblick, in dem man gerade lebt, sondern an den, in dem man leben wird. So droht man immer in der Zukunft zu leben anstatt jetzt. Die Gegenwart ist die einzige Zeit, die uns wirklich gehört, und wir sollten sie nach Gottes Willen nutzen.

BLAISE PASCAL (1623 – 1662)

Aus dem Mathematikunterricht ist sicherlich noch vielen das **Pascalsche Dreieck** in Erinnerung geblieben. Mir ist an dem Jesuitengymnasium in Hamburg, das ich besuchte, niemals der Mensch und Mystiker **Blaise Pascale** nahe gebracht worden. Das betrachte ich als ein großes Versäumnis von lebenswichtiger Unterrichtskultur, die sich auch bis heute nicht wesentlich verändert hat. Die Lernmethoden mögen sich verbessert haben, aber geistige Inhalte werden nur sehr spärlich vermittelt.

In einer gegen Ende des 19. Jahrhunderts in Paris erschienenen Literaturgeschichte heißt es:

„Pascal ist der außergewöhnlichste Mensch, den Frankreich hervorbrachte, der tiefste Denker, durch den die Menschheit geehrt wurde."

Blaise Pascal wurde am 19. Juni 1623 in Clermont/Auvergne geboren. Sein Vater war Präsident am Obersteueramt. Mit drei Jahren verlor er seine Mutter. **Blaise besuchte nie eine Schule.** Die Erziehung und Unterrichtung lag ganz in den Händen des mathematisch ebenfalls hochbegabten Vaters.

12 Jahre alt war Blaise, als sein Vater ihn dabei überraschte, wie er auf spielerische Art uralte mathematische Erkenntnisse selbständig gefunden hatte. Mit 16 Jahren erlangte er durch eine mathematische Abhandlung Berühmtheit bei den Fachleuten.

Mit 19 Jahren erfand er eine Rechenmaschine, mit der er seinem Vater die Arbeit erleichtern wollte. 1647 entdeckte er das *Gesetz der kommunizierenden Röhren* und erkannte bei der Untersuchung der Druckverhältnisse in flüssigen Stoffen die Möglichkeit, das Barometer als Gerät für die Höhenmessung zu benutzen. In jungen Jahren war er der führendste Gelehrte Frankreichs. Aber schon sehr früh war die Gesundheit des jungen Mannes für immer erschüttert.

Und so großartig ihm auch die Welt der mathematischen Gesetzlichkeiten erschien, so sehr es ihn zur Erforschung der Natur drängte, all dies war ihm doch zweitrangig gegenüber dem einen entscheidenden Problem:

„Was ist Gott, und was ist der Mensch vor Gott?"

In der Nacht vom 23. zum 24. November 1654 – Blaise war 31 Jahre alt – hatte er ein Erleuchtungserlebnis, das er auf einen Pergamentstreifen schrieb, den man nach seinem Tode in seine Kleidung eingenäht fand:

„Von etwa halb elf Uhr abends bis etwa eine halbe Stunde nach Mitternacht Feuer. Der Gott Abrahams, der Gott Isaaks, der Gott Jakobs – nicht der Philosophen und Gelehrten.
Gewissheit, Gewissheit. Inniges Erleben. Freude, Friede. Gott Jesu Christi ...
Vergessen der Welt und aller Dinge, außer Gott. Freude, Freude, Freude, Tränen der Freude. Völlige Unterwerfung unter Jesus Christus ..."

Pascal verbrachte von da an den größten Teil seiner Zeit intensivst meditierend im Kloster Port-Royal. In seinem berühmten Nachlasswerk **„Pensées"** *(„Gedanken über die Religion")* setzte Pascal dem Verstand die **„Logik des Herzens"** gegenüber, wobei er unter **„coeur"** eine unmittelbare, ohne Analyse und Definition gewonnene Sicherheit allein durch die göttliche Gnade verstand und sich unter Verwerfung aller kleinlichen theologischen Wortklaubereien zu einer umweglosen, persönlichen Erfahrung Gottes bekannte. Er starb am 19. August 1662 39-jährig in Paris und zählt bis heute zu den faszinierendsten Gestalten der europäischen Geistesgeschichte.

„Die Menschwerdung Gottes in Jesus Christus zeigt dem Menschen die Größe seines Elends an der Größe des Heilmittels, das notwendig gewesen ist."

Mehr Schein als Sein gehört zum trügerischen Erkennungszeichen unserer verführerischen Welt der Mega-Täuschungen. Das lateinische Sprichwort: **„mundus vult decipi, ergo decipiatur"** (die Welt will betrogen sein, also wird sie betrogen) hat an Gültigkeit eher gewonnen als verloren. Das lat. Wort **„decipere"** (= täuschen, betrügen; engl.: **to deceive**) heißt wörtlich: weg-nehmen. Im Akt der Täuschung wird Wirklichkeit weggenommen und die Scheinwelt für real gehalten. Im Sanskrit bezeichnet man diesen Zustand mit **„Maya"**.

Und was man heute auf sehr bedrückende Weise wahrnehmen muss, ist die Tatsache, dass die vom Konsum und Fortschrittsglauben gesteuerten menschlichen Marionetten ihr eigentliches Leben und Dasein nicht erkennen, stattdessen eine Scheinwelt mit allen denkbaren Mitteln aufrechterhalten und verteidigen, was zu einem dauernden, letztlich vermeidbaren und unnötigen Lebenskampf führt. Wenn Leben als Kampfplatz verstanden wird, werden alle damit verbundenen Verteidigungs- und Rechtfertigungsmechanismen den Zugang zum göttlichen Paradies verhindern.

Der Erfahrungsbereich des ewigen Lebens, des Seins in der Gegenwart, ist völlig frei von jeglicher Projektionsaktivität, die den Fokus vom göttlichen und menschlichen Zentrum in den Bereich der vielfältigen Erscheinungen und Täuschungen verlagert.

Und so ist auch die jetzt sehr lebendige Projektionswelt von Astralebenen, Durchsagen, Visionen mit aller größter

Vorsicht zu betrachten, denn *„die ich rief, die Geister, werd ich nun nicht los"* (Goethe`s Zauberlehrling).

Was hindert uns am Erkennen der Wahrheit, dass Gott immerwährend in uns ist?

Unser Nichtwissen ist es (Sanskrit: **Avidya**), – die irrige Auffassung nämlich, dass unsere wahre Wesensnatur, welche Geist ist (**Atman**), in Körper, Seele, Intellekt und Sinnesorgangen zu finden ist. Das Licht Gottes leuchtet, doch der Schleier unseres Nicht-Wissens, unser Aufenthaltsort im Reich der Schein-Welt, verdeckt das Licht.

Jesus hat gesagt:

> *„Dann werdet ihr die Wahrheit erkennen, und die Wahrheit wird euch befreien."*
>
> JOHANNES 8,32

Die Erfahrung jener Wahrheit erfolgt durch Verwandlung oder, wie Jesus sagte, durch geistige Wiedergeburt:

> *„Wenn einer nicht von neuem geboren wird, kann er das Reich Gottes nicht sehen."*
>
> JOHANNES 3,3

Nach der Lehre der Upanishaden lebt der Mensch in drei Bewusstseinszuständen: Wachen, Träumen und Tiefschlaf.

In keinem dieser Zustände können wir Gott schauen. Doch jenseits dieser drei Zustände gibt es einen vierten, der nur Mystikern und Erleuchteten bekannt ist – ein Zustand, der Raum, Zeit und Kausalität transzendiert. Er ist das von Christus erwähnte **Himmelreich Gottes**. Wir werden wiedergeboren im Geiste und erlangen Vollkommenheit. In diesem transzendenten Zustand wird jegliches Bewusstsein der Welt in ihrer Vielfältigkeit ausgelöscht. Allein der göttliche Urgrund existiert, den die Inder **Brahman** nennen. Man erfährt Frieden und Glückseligkeit jenseits allen Verstehens. Die Hindus bezeichnen dieses Stadium mit **Samadhi**, der Buddhismus spricht von **Nirvana**, und bei den Christen ist es die **unio mystica**, die mystische Vereinigung mit Gott.

Die meisten Menschen sind zufrieden mit einem mehr oder weniger moralisch ausgerichteten Leben auf Erden in der Hoffnung, für jede ihrer guten Taten hier nach dem Tod belohnt zu werden. Das von Christus gelehrte höchste Ziel der Vollkommenheit ist im Allgemeinen entweder in Vergessenheit geraten oder missverstanden worden. Als Christus zu seinen Jüngern sprach, meinte er wörtlich, dass sie Gott in ihrem gegenwärtigen Leben sehen können. Und die Jünger dürsteten eben nach dieser Wahrheit, Gott zu erkennen und vollkommen zu sein, wie auch der Vater im Himmel vollkommen ist.

Wie kann ein spiritueller Sucher, der die Wahrheit finden möchte, sich mit Antworten aus Theologie und Philosophie, mit Doktrinen und Glaubensgrundsätzen zufrieden geben? **Sri Ramakrishna** pflegte zu sagen:

> *„Ihr seid in den Mangogarten gekommen. Welchen Sinn hat es, wenn ihr die Blätter an den Bäumen zählt? Esst die Mangofrüchte und stillt euren Hunger!"*

Wer sich mit großer Ernsthaftigkeit auf den Weg macht, lässt sich auf ein abenteuerliches Risiko ein, das **Leben** heißt. Erst auf einem oftmals beschwerlichen und entbehrungsreichen Weg bricht nach und nach das Kartenhaus der Scheinwelt zusammen und das Licht in der Finsternis beginnt dauerhaft zu leuchten.

Konfuzius (551 – 479), der Begründer der ersten Weisheitsschule Chinas, dessen Lehren bis in das 20. Jahrhundert das Leben in China, Japan und Korea bestimmten, prägte einen sehr bedeutungsvollen Spruch:

> *„Der Weise sucht, was in ihm ist, der Tor, was außerhalb."*

Ungefähr 500 Jahre später sagte **Jesus Christus**, nachzulesen im 17. Kapitel, Vers 21 bei Lukas:

> *„Das Königreich Gottes ist inwendig in euch."*

Wer sich ständig an der Peripherie aufhält und den Verlockungen der irdischen Machthaber nicht widerstehen kann, findet den Rückweg zum Zentrum, zu seiner ursprünglich Heimat meist nur durch schicksalhaftes Leid.

Unsere Welt, die aufschreit nach Transformation und sich dem technokratischen Geschwindigkeitswahn nicht unterwerfen möchte, benötigt dringend ein medizinisches Heilmittel; homöopathisch ausgedrückt bräuchten wir eine neue Arznei: *„religio spiritualis"* in einer sehr hohen Potenz.

Das englische Wort für Heilmittel ist **remedy**, was wörtlich bedeutet: Rückkehr zur Mitte; und auch unser deutsches Wort **Medizin** hat das lateinische Prefix *„med"* von lat.: **medium** = Mitte.

Bede Griffiths, mein spiritueller Lehrer, schrieb 1976 im Alter von 70 Jahren innerhalb von einer Woche eines seiner schönsten Bücher: *„Return to the Centre"*, das ich vor mehr als 20 Jahren in die deutsche Sprache übersetzt habe *(„Rückkehr zur Mitte"*, Kösel Verlag).Hier ein Auszug daraus:

„Moderne Wissenschaft und Technologie sind die Früchte des Baumes der Erkenntnis von Gut und Böse. Sie sind in sich nicht schlecht, werden es aber, sobald sie von der Weisheit getrennt werden. Die Naturwissenschaft ist die niedrigste Form menschlicher Erkenntnis, eine Erkenntnis der materiellen Welt mit Hilfe der diskursiven Vernunft. Die Theologie steht zwar höher als die Philosophie, weil sie für die Welt der transzendenten Wirklichkeit offen ist, aber ihre Methoden sind die gleichen wie die der Naturwissenschaft oder der Philosophie.

Nur die Weisheit kann den Verstand transzendieren und die Wahrheit erkennen, nicht auf diskursivem, sondern auf intuitivem Weg, nicht durch ihre Reflexion in der sinnenhaften Welt, sondern durch die Schau ihres Grundes, wo Erkennen und Sein eins sind.

Wenn die Wissenschaft von der Weisheit getrennt wird, bleibt sie immer die Erkenntnis von Gut und Böse. Jeder Fortschritt in der Wissenschaft zieht ein entsprechendes Böses nach sich.

Die medizinischen Kenntnisse, welche die Lebenserwartungen ungeheuer erhöht haben, haben uns das Übel der Überbevölkerung gebracht.

Die Errungenschaften der Physik und Chemie, die uns die Annehmlichkeiten des Lebens geschenkt haben, bescherten uns die Atombombe und verschmutzten Erde, Wasser und Luft. Wissenschaft und Technik haben die Beziehung zum Himmel verloren, zur transzendenten Wirklichkeit, dem kosmischen Gesetz, dem TAO, das Himmel und Erde in harmonischem Gleichgewicht hält.

Wenn die Menschheit überleben will – und ihr Überleben ist bedroht – kann es nur durch eine völlige Veränderung in den Herzen, durch eine Metanoia, geschehen. Die Wissenschaft muss sich der Weisheit unterordnen. Die diskursive Vernunft, die den Menschen zu beherrschen sucht und ihn in der engen Welt des Verstandes gefangen hält, muss entthront werden, und der Mensch muss die Abhängigkeit von dem transzendenten Mysterium, welches jenseits des rationalen Bewusstseins liegt, wieder anerkennen.

Was aber ist dieses transzendente Mysterium, diese letzte Wahrheit, dieses kosmische Gesetz? Das sind Worte, mit denen wir das Unsagbare auszudrücken versuchen. Darin besteht das Problem unseres Lebens, das ständig unseren Verstand verwirrt. Die letzte Bedeutung und der Sinn des Lebens können weder mit Worten ausgesagt noch gedanklich nachvollzogen werden.

Dieses Mysterium ist überall und in allem gegenwärtig; wenn wir es aber greifen wollen, entzieht es sich uns.

Es ist der Grund jeglicher Existenz, aus dem alles kommt und wohin alles zurückkehrt, das aber selbst niemals in Erscheinung tritt. Es ist in allen Dingen, über allen Dingen, außerhalb aller Dinge, aber es kann nicht mit irgendetwas identifiziert werden. Ohne dieses Mysterium kann nichts existieren, kann nichts erkannt werden, und in sich selbst bleibt es unerkannt. Es wird nicht gesehen, doch ist selbst

*sehend, nicht gehört, doch ist hörend, nicht wahr-
genommen, doch ist wahrnehmend, nicht erkannt,
doch ist erkennend.*

*Wahrscheinlich hat Buddha den tiefsten Einblick
in dieses Mysterium gewonnen. Er hat als erster den
Schleier der Erscheinungen zerrissen und sich der
dahinter liegenden nackten Wirklichkeit gestellt.
Nach seinen Worten ist alles Leiden, alles Scheinbare
vergänglich und unwirklich.*

*Das ist die wichtigste Einsicht in unsere mensch-
liche Verfassung. Wenn einer das nicht erkennt, hat
er nicht gelernt, der Wirklichkeit zu begegnen. Die
Welt selbst hat überhaupt keine Realität. Sie ist in
ständiger Bewegung, wie* Heraklit *sagt, ohne Bedeutung und ohne Konsistenz. Die Welt ist im strengen
Sinne* Maya, *eine reine Illusion, ein Trugbild, ein
Zaubertrick, wie wenn man ein Tau für eine Schlange hält. Diese Welt ist vollkommen leer. Hinter all
den äußeren Erscheinungen des Lebens verbirgt sich
der Schrecken der Finsternis, der Leere, des Nichts.
Wer sich an die Erscheinungen klammert, beschwört
endloses Leiden herauf und lebt ständig in der
Täuschung.*

*Nachdem Buddha die Erscheinungen durchschaut
und den Schleier weggenommen hatte, entdeckte er
die Wirklichkeit. Die Wirklichkeit, die er schaute,
nannte er* Nirvana. *Es ist wie das Auslöschen einer
Flamme des Lebens, wie ein Hinüberschreiten an ein
anderes Ufer. Es ist ein Zustand, in dem nicht einmal
Vergnügen zurückbleibt. Wie schwierig ist es, diesem
absoluten Nichts, dieser äußersten Leere gegenüberzustehen. Was der Tod uns vor Augen stellt, ist die*

letzte Vernichtung und ihr anheim zu fallen ist sicherlich mit Hölle gemeint. Es bedeutet jeglichen Kontakt mit der Wirklichkeit aufzugeben, der letzten Täuschung zu verfallen und seine Seele zu verlieren. Aber wenn man dem Tod ins Gesicht blickt, wie es der Buddha getan hat, durchschaut man die Illusion und man erkennt das Nichts als letzte Wirklichkeit, die Leere als absolute Fülle. Als Christus am Kreuz ausrief: Mein Gott, mein Gott, warum hast du mich verlassen? und sich dem Tod hingab, kam das Reich Gottes, und die Welt wurde verwandelt: Wahrlich, ich sage dir, noch heute wirst du bei mir im Paradiese sein! (Lukas 23,43).

Alles, was in dieser Welt existiert, bis zum kleinsten Partikel der Materie, lebt ewig in Brahman. Hier sehen wir alles in Raum und Zeit getrennt, sich von einem zum anderen Augenblick verändernd; aber dort ist alles für alles gegenwärtig in absoluter Einfachheit des Seins ohne Dualität.

Hier ist alles Vielfalt und Veränderung, dort ist alles eins in ewiger Ruhe. Trotzdem dürfen wir nicht denken, dass diese Welt ohne Dynamik, dass alles tot und leblos sei. Es gibt hier nichts, keinen positiven Wert, keine Existenz, keine Energie, keine Intelligenz, keine Kraft, keine Gnade, keine besondere Schönheit der Erde, des Himmels oder Meeres, welche auch nicht dort in ihrer Totalität anwesend wäre.

Nur unserem Bewusstsein, das durch die Sinne eingeengt ist, erscheinen die Dinge getrennt, geteilt, veränderlich und erlöschend. Wenn wir dieses Bewusstsein transzendieren und über unsere Sinne und unseren Verstand hinausgelangen, dann sehen wir die Dinge, wie sie sind, wie Gott sie sieht. Denn Gott sieht die ganze Kreatur, in ihrer ganzen räumlichen und zeitlichen Ausdehnung aus der einfachen Schau seines unbegrenzten und ewigen Daseins. Für ihn entsteht nicht die Welt, noch vergeht sie; sie ist für ihn in einem zeitlosen Jetzt und einem raumlosen Punkt gegenwärtig.

In Gott, dem absoluten Sein, gibt es keinerlei Täuschung oder Zusammensetzung. Gott ist ohne jegliche Dualität und sieht und erkennt alle Dinge in sich selbst, wie sie ewig und in Übereinstimmung mit ihm leben.

Wenn sich jemals alle religiösen Traditionen dieser Welt finden sollten, dann nur auf dieser Grundlage. Sie kann nicht auf dem Glauben an Gott basieren, da weder der Buddhist noch der Jainäer an Gott glauben.

Gott ist ein Name für das letzte Geheimnis, wenn man es zum Menschen in Beziehung setzt, als Schöpfer, Herr, Retter oder was auch immer. Man kann durchaus fragen, ob dieser Gott existiert. Aber man kann nicht fragen, ob die letzte Wahrheit, die Gottheit existiert. Sie ist der Grund aller Existenz; existieren (lat.: exsistere) bedeutet: heraustreten aus diesem Grund, aber der Grund selbst tritt nicht hervor. Er ist das, wodurch alle Dinge, einschließlich Gott dem Schöpfer, existieren. Das ist das große TAO, von dem gesagt wird: Der Weg, von dem wir sprechen können, ist nicht der ewige Name".

SCHAUEN AUF DEN UR-GRUND

Das Auge, womit GOTT von Dir gesehen wird,
ist dasselbe Auge, womit GOTT Dich ansieht.
Dein Aug und GOTTES Aug ist ein Aug.

MEISTER ECKHART

In unserer sehr turbulenten Welt überfordern wir in dem ständigen Sensations-Spektakel unsere Augen und Sinne durch periphere Erscheinungen, so dass ein meditatives Beobachten der Wirklichkeit immer seltener wird und dringender Übung bedarf.

Wir können **3 Stufen des Sehens** unterscheiden:

- **Normales Sehen** im Sinne des lat. Wortes **„spectare"**. Hiervon abgeleitet stammen die Worte **Spektakel, Aspekt, Respekt**. Zum schärferen Sehen benötigen wir eine Brille (engl.: **spectacles**).

- **Erkennendes Sehen** im Sinne des lat. Wortes **„videre"**. Hiervon stammen die Worte **Vision, Television**. **„Videre"** ist mit dem Sanskritwort **„vidya"** (Wissen, Weisheit) verwandt.

- **Kontemplation – die Wesensschau** im Sinne des lat. Wortes **„contemplari"** (objektloses Schauen, Betrachten der Wirklichkeit). Kontemplation darf nicht mit **Meditation** (reflektierendes nach Innen-Gehen) verwechselt werden. Kontemplation (griech.: **theoria**) ist das Erkennen des Wesentlichen, des Wesensgrundes, der in uns lebendigen Ur-Quelle. Es ist die Subjekt-Objekt-Verschmelzung, der Zustand, den der Mystiker **Meister Eckhart** mit den Worten beschreibt:

„ER wirkt, und ich werde".

WARUM KONTEMPLATION?

Die heutige Zivilisation führt dazu, dass die körperliche Spannkraft – **das zum Leben notwendige Spannungs-Gleichgewicht** – abnimmt. Bewegungsarmut, übermäßiger Konsum an Unterhaltungs- und Ablenkungsprogrammen sowie falsche Ernährungsweisen tragen gefahrenvoll zu einem dauerhaften Ungleichgewicht bei.

Die Praxis der Kontemplation entfernt keineswegs von der Welt, im Gegenteil. In der Kontemplation erkennt man, dass das ganze Universum ein einziges Ganzes ist, dass alles vom Gesetz der gegenseitigen Abhängigkeit gelenkt wird und jeder ein Gefühl für das soziale Verflochtensein entwickeln, sein **wahres Wesen** erkennen und die Suche nach dem illusorischen Glück aufgeben sollte.

Das echte Glück, die wahre Freiheit, liegt im Bewusstsein der Vergänglichkeit, dem Respekt und Verständnis für das Leben und für sich selbst.

Der Mensch muss aus dem Traum erwachen, um im **Hier und Jetzt** zu leben.

„Wach auf, du Schläfer, und steh auf von den Toten, und Christus wird dein Licht sein."

EPHESER 5, 14

Was geschieht im Körper?

Während der Kontemplationsübung, wo alles projektionsbetonte Denken zur Ruhe kommt, verbessert sich spürbar der Gehirnblutkreislauf.

Die Gehirnrinde ruht sich aus, und der bewusste Strom der Gedanken wird angehalten, während das Blut zu den tieferen Schichten fließt.

Durch diese bessere Durchblutung erwachen diese aus einem Halbschlaf; ihre Aktivität vermittelt ein Gefühl des Wohlbefindens, der Heiterkeit und Ruhe, das mit dem Tiefschlaf verglichen werden kann, jedoch bei vollem Wachzustand stattfindet.

Das Nervensystem ist entspannt, das Stammhirn in voller Aktivität. Man ist empfänglich und durch jede Zelle des Körpers hindurch in höchstem Maße aufmerksam. Man denkt unbewusst mit dem Körper, jede Dualität, jeder Widerspruch wird ohne Energieaufwand überwunden.

Die so genannten *„primitiven"* Völker haben ein sehr aktives Stammhirn bewahrt. Durch die Entwicklung unserer Art von Zivilisation haben wir den Intellekt erzogen, verfeinert, kompliziert gemacht. Kraft, Intuition und die mit dem inneren Kern des Gehirns verbundene Weisheit sind weitgehend verloren gegangen.

Das absichtslose Beobachten und Geschehenlassen des nicht manipulierbaren göttlichen Atems (**Inspiration**) ist das tiefste Geheimnis der Kontemplation.

WAS IST DAS ZIEL?

Die regelmäßige Kontemplation ermöglicht, durch die **Rückkehr zum Ursprung des Lebens** ein neuer Mensch zu werden.

Die Suche nach dem verlorenen Paradies wird beendet.

Die **Integration von Körper, Seele und Geist** führt zur dauerhaften Wiederherstellung der Stimmungs- und Spannungsbalance, **zur Erfahrung der göttlichen Gegenwart im Hier und Jetzt.**

Nur wenige Minuten regelmäßiges, tägliches Üben bringt auf längere Sicht eine wunderbare Veränderung.

Kontemplation und Aktion sind nicht voneinander zu trennen, sondern bedingen sich einander in ihrer permanenten, zum inneren und äußeren Gleichgewicht orientierten Balancetätigkeit.

GLÜCKSELIGKEIT (Sanskrit: *ananda*)

Der indische Poet und Nobelpreisträger für Literatur **Rabindranath Tagore** (1861 – 1941), der im Jahre 1913 den Nobelpreis für Literatur erhielt, machte einst beim Anblick eines Sonnenaufgangs über den Baumwipfeln von Kalkutta eine tiefe Glückseligkeits-Erfahrung und berichtete davon seinem Freund C.F. Andrews in einem Brief:

„Während ich den Sonnenaufgang beobachtete, schien sich plötzlich ein Schleier von meinen Augen zu heben.

Ich fand die Welt in unbeschreibliche Herrlichkeit gehüllt, mit ihren Wellen der Freude und Schönheit, die sich überall brachen. Die dichte Wolke der Sorge, die oft auf meinem Herzen lag, wurde vom Licht der Welt durchbrochen, das überall leuchtete. Es gab nichts und niemanden, die ich in jenem Augenblick nicht liebte.

Ich stand auf der Veranda und beobachtete die Kulis, die die Straße entlang eilten. Ihre Bewegungen, ihre Gestalt, ihre Mienen erschienen mir seltsam wunderbar, als ob sie sich wie Wellen im großen Ozean der Welt bewegten.

Als einer der jungen Männer seine Hand auf die Schulter eines anderen legte, war dies ein bemerkenswertes Ereignis für mich. Ich schien in der Ganzheit meiner Vision Zeuge der Bewegungen des Körpers der ganzen Menschheit zu werden und den Takt der Musik und den Rhythmus des mystischen Tanzes zu spüren."

Atem – Die Inspiration Gottes

Das Wunder des Atmens liegt in dem Geheimnis verborgen, dass etwas geschieht ohne jegliches manipulatives Einwirken oder besondere Technik. Der Mensch ist gewohnt, in alle Lebensprozesse aktiv einzugreifen, und er übersieht dabei, wie er immer mehr versäumt, dem Wirken Gottes, dem Urgrund und der Quelle unseres Daseins genügend Raum zu geben.

Nur allzu häufig wird der Vorgang des Luftholens mit Atmung verwechselt. In- und Exhalation sind nicht gleichbedeutend mit Atmung, mit Inspiration. Der weitläufige Bereich der Spiritualität – keine abgehobene, entrückte Weltfremdheit! – hat ganz konkret mit dem Atmen zu tun (lat.: **spirare**).

Der Atmungsprozess vollzieht sich unbewusst, wenngleich das absichtslose Beobachten dieses spirituellen Geschehens allerhöchste Aufmerksamkeit erfordert. Wenn **ES** atmet, vollzieht sich im Menschen der Transformationsschritt vom Haben zum Sein, vom Tun zum Lassen, vom Ego zum höheren Selbst, was man im Sanskrit mit „**Atman**" bezeichnet. Unsere deutsche Sprache ist indo-germanischen Ursprungs und hat das Wort **Atem** unmittelbar dem Sanskritwort **Atman** entlehnt.

Der berühmte Inder und Freiheitskämpfer **Mahatma Gandhi** ist den meisten Menschen ein Begriff. Gandhi war ein überragender Geist – **maha** (groß) und **atman** (Geist). Beim Atmen geht es letztlich darum, den uns innewohnenden Heiligen Geist zu erfahren, die Anwesenheit der Immanenz Gottes, den Himmel auf Erden, das Königreich im Hier und Jetzt.

Atmen ist ein liebevolles Geschehenlassen der sich ständig verändernden Situation des ewigen Lebens, jenseits der bestehenden Polarität und Dualität von Geburt und Tod.

Rabindranath Tagore kleidet den göttlichen Atem-Rhythmus in wunderbare Worte:

> *„Geburt und Tod, beides*
> *des Lebens Spiel erhält –*
> *wie beim Gehen der Fuß,*
> *einmal erhoben, wieder fällt."*

Atem und Geist sind das ewig Lebendige und Wirksame in unserem göttlichen Universum.

Der Geist Goethes, Beethovens, Mozarts u.v.a. ist uns allen präsent. Wenn wir zu dem in unserem Inneren beheimateten Atem einen vertrauensvolleren Zugang hätten, wenn wir das Wunder des Atems lediglich zuließen, so lebten wir im Paradies auf Erden.

Im Laufe von 24 Stunden macht der Mensch ca. 21.000 Ein- und 21.000 Ausatembewegungen. Diese neuromotorische Aktivität erfolgt in der Regel unbewusst. Die Lebensenergie eines jeden Menschen wird nicht vordergründig von äußeren Faktoren bestimmt, sondern von der jeweils individuellen Anbindungskraft an das eigene Atem-Zentrum, der geistigen Lebensquelle. Diese Rückanbindung ist Religion – gleichgültig ob Christ, Buddhist, Hindu, Jude, Muslim, Indianer o.a.

Aus spiritueller Sicht wird in der Kontemplation die Annäherung an den inneren Lebens-Kern durch absichtslose Achtsamkeit auf das Aus- und Einatmen erreicht. **J.W. von Goethe** würde dies als **„Stirb und werde!"** bezeichnen.

Kontemplation (griech.: *theoria* = die Wesensschau) ist eine nicht-aktive Aktivität, die höchste Form von gegenwärtigem Wachsein. Christlich ausgedrückt (Brief an die Galater 2,20) würde man sagen:

„Nicht mehr ich lebe, sondern Christus lebt in mir."

Und diese spirituelle Erfahrung des göttlichen Wesensgrundes oder der Buddha-Natur heißt:

„Nicht mehr ich atme, sondern ES atmet."

Das ist der Weg vom aktiven In- und Exhalieren zum Atmen, zum passiven Inspiriert-Werden.

Keiner sagt: *„ich inspiriere"*, denn es heißt: *„ich werde inspiriert"* (engl.: *„I am inspired"*).

Der berühmte Mystiker **Meister Eckhart** nennt diesen Vorgang:

„Gott und ich, wir sind eins. Er wirkt und ich werde."

Vom Werden zum Sein

Kehre in den Grund zurück,
aus dem Du gekommen bist.

MEISTER ECKHART

Spirituelles Leben ist zunächst ein Prozess der Entdeckung und Verwirklichung des wahren Wesens, das tief in uns in der Gegenwart Gottes verborgen ist. Der Weg zu dieser inneren göttlichen Ur-Quelle führt uns durch viele unangenehme Geröllschichten des Unterbewusstseins.

Der Prozess der Werdens verwandelt sich auf dem Weg des Vertrauens in das himmlische Geschenk des Seins, des ewigen Da-Seins im Hier und Jetzt.

Die vorangegangene Aktivität des Glaubens gipfelt in der Erfahrung von Gewissheit und tiefster Erkenntnis (griech.: **gnosis**), wo wir dann wie **Jesus Christus** sagen können:
„Ich bin!"
Wir sind in der Gegenwart angekommen.

Auf dem inneren, geistigen Weg gehen wir durch verschiedene Bereiche, die wir als Phänomene von Dunkelheit, von Verlassenheit, von Trauer, von Schuld, von Sucht, von Neid, von Hass, von Gier, von Feindseligkeit u.a. erleben. Es ist keine Lösung, sie zu verdrängen, aber es ist auch nicht hilfreich, sich mit jeder Blockade analytisch auseinanderzusetzen. Psychologie kann helfen, innerpsychische Vorgänge zu erkennen. Aber keine Psychotherapie allein kann uns ganzheitlich heilen. Die eigentliche Heilung kommt erst aus der göttlichen Heilsquelle, die tiefer als der psychische Bereich in jedem von uns existent ist. Sich auf diese Quelle einzulassen, sie im Leben zuzulassen, in sie hineinzutauchen und ihrem Strom Raum zu geben – darin entfaltet sich die göttliche Heilkraft.

Im Zustand der erlösenden Heils-Gegenwart hört jeder Prozess, jedes Werden auf; dann können wir sagen: *ich bin / wir sind.*

Der bekannte deutsche Dominikanermönch und Mystiker **Meister Eckhart** vermittelt uns in wenigen Worten das Geheimnis der Begegnung mit Gott in unserem Innersten:

„Gott ist uns nahe, aber wir sind Ihm fern. Gott ist drinnen — aber wir sind draußen. Gott ist unsere innere Heimat — aber wir sind uns selber Fremde.

Du brauchst Gott nicht zu suchen. Er ist nicht ferner als vor der Tür deines Herzens: Da steht Er und wartet und harrt, dass Er dich bereit finde, dass du Ihm auftust und Ihn einlässest.

Du brauchst Ihn nicht von fernher zu rufen, sondern dich nur nach innen zu wenden: Gott wartet ungeduldiger als du, dass du dich Ihm öffnest; Ihn verlangt tausendmal dringender nach dir, als dich nach Ihm.

Dein Auftun und sein Eingehen geschehen in einem Augenblick.

Willst du Gott ohne Vermittlung, unmittelbar erkennen, so musst du geradezu Er werden und Er du — so ganz eins, dass dies Er und Du eins werden und sind.

Das Auge, womit Gott von dir gesehen wird, ist dasselbe Auge, womit Gott dich ansieht. Dein Aug und Gottes Aug ist ein Aug".

Die verborgene göttliche Quelle öffnet sich in vielfältigen Formen und gießt sich in verschiedenen Heilsgestalten und Heilsmomenten der Menschheitsgeschichte aus. Wenn der Schleier unserer Verblendung und Unwissenheit von uns genommen ist, erkennen wir die sich immer wieder ereignenden **kairologischen** Augenblicke, wenn gleichsam die Zeit erfüllt ist. Nicht zu verwechseln mit **chronologischen**, uhrzeitlichen Geschehnissen und Abläufen.

Der Geist ist die Dynamik, der die verborgene göttliche Quelle aktiviert, und die Kraft, welche die Quelle zu einem Leben spendenden Organ macht. Der Geist bringt die **Perichorese** hervor: Die Durchdringung von Gott und Mensch. Der Geist ist gleichzeitig die verbindende und die hinaustreibende Kraft, die Energie der göttlichen Fruchtbarkeit, die weibliche Dimension im Göttlichen, die gebärende, belebende, bewahrende Mütterlichkeit im Göttlichen.

WEG ZUM URGRUND

Jesus und alle großen spirituellen Meister haben den Schülern einen Weg gezeigt (chin.: **TAO**). Keine Lehre, keine dogmatischen Strukturen, keine Moralvorschriften. Der Meister fordert aber das volle Vertrauen auf den Weg ein.

Weg und **Leben** sind etymologisch eng miteinander verknüpft; lat.: **via** (Weg) und **vita** (Leben); frz.: **la vie** (Leben) und **la voie** (Weg). Es ist völlig gleichgültig, gleichermaßen werthaltig, ob ich mich auf einem christlichen, buddhistischen, hinduistischen, o.a. Pfad fortbewege. Der Weg ist das Ziel – der Weg hat weder einen Anfang noch ein Ende; andernfalls wäre er von der Polarität **Geburt & Tod** begrenzt.

Der Weg ist ewiges Leben, jenseits aller Dualität.

Wenn jemand vom Zentrum des Lebens distanziert ist, spricht man oft von **weg sein**, meint aber **abwegig** sein.

Das 14. Kapitel des **Tao Te King** beschreibt auf geradezu geniale Weise das Geheimnis des Weges. **Lao Tse** umreißt, was **TAO** nicht ist. Kenntnis vom TAO kann man nicht mit Hilfe der Sinne erlangen: Man kann es nicht sehen, hören oder anfassen. Es hat seinen Sitz im intuitiven Bewusstsein und kann nur über seine Auswirkung in der sozialen Lebenswelt wahrgenommen werden – in seiner Auswirkung auf Vorstellungen, Geschehensabläufe und gesellschaftlichen Wandel. Weltliche Ereignisse treten immer wieder in sich stets wiederholenden Zyklen auf, und Anhänger des TAO lernen, diesen Kreislauf zu durchschauen und zu transzendieren. Jeder, der auf dem Weg ist, spürt den Ursprung der eigenen Existenz.

Jesus sagt in dem bedeutungsvollen Johannes-Kapitel 14, **Das Gespräch über den Weg zum Vater** (Vater und Gott sollte man als Urgrund verstehen):

> *„Wenn Ihr mich erkannt habt, werdet Ihr auch meinen Vater erkennen. Schon jetzt* (die Betonung liegt auf <u>**jetzt**</u>) *kennt ihr ihn und habt ihn gesehen".*

Und an seinen Apostel **Philippus** gewandt sagte Jesus enttäuscht:

> *„Schon so lange bin ich bei Euch, und du hast mich nicht erkannt, Philippus? Wer mich gesehen hat, hat den Vater gesehen. Wie kannst Du sagen: Zeig uns den Vater? Glaubst Du nicht, dass ich im Vater bin und dass der Vater in mir ist?"*

Die institutionalisierten christlichen Kirchen nehmen Jesus Christus nicht ernst, und anstatt die Aussagen dieser großartigen **Injektion** (wörtlich: des Hineinwerfens in das Da-Sein, Hier-Sein Gottes) authentisch zu verkünden, wird mit **Projektionen** (Hinauswerfen) manipuliert, wo periphere, vom Zentrum losgelöste Spekulationen zu teilweise hohen Preisen und Mitgliedsbeiträgen erzeugt werden.

Der spirituelle Meister zeigt den sicheren Weg zum Ursprung unseres Seins auf. Diese Wegweisung ist ohne spezielle Methode, weil das Einüben in die Gegenwärtigkeit nichts anderes als bedingungslose Achtsamkeit erfordert. Der Meister lässt den Schüler an seiner Gegenwart teilhaben:

> *Wenn ihr mich seht, schaut Ihr auf den Urgrund.*

„TAO TE KING", Kapitel 14:

Schau, er kann nicht gesehen werden – er ist flüchtig.
Lausche, er kann nicht gehört werden – er ist geräuschlos.
Greife zu, er kann nicht gehalten werden – er ist
unfassbar.
Diese drei können nicht festgehalten werden.
Sie verschmelzen zu einem.
Wenn er aufsteigt, erglitzert er nicht.
Wenn er herabsteigt, verdunkelt er nicht.
Wie ein endloser Faden, ohne Namen.
Kehrt er ins Nichts zurück.
Die formlose Form.
Das bildlose Abbild.
Er entschwindet und schäumt hervor.
Stehe ihm gegenüber, und Du siehst nicht sein Antlitz.
Folge ihm, und Du siehst nicht seinen Rücken.
Verweile mit dem Weg der alten Zeit.
In seiner Gegenwart werden wir gewahr.
Den uralten Anfang zu kennen, das ist das Wesen des
Weges.

Jeder Mensch auf seiner Lebens-Reise durchläuft diverse Entwicklungs- und Entfaltungsstadien. Leider haben sich zu viele Menschen für einen völlig umgekehrten Weg entschieden: für die Komplikation, die Zusammenfaltung. Das lat. Wort **„plica"** bedeutet Falte. Und je mehr ich einen Gegenstand oder auch einen Gedankengang zusammenfalte, umso komplizierter wird er. Entfaltung muss zur Faltenlosigkeit führen: zur **Simplizität** (lat.: **simplex, sine plica** = ohne Falte). **Simpel** ist nicht einfältig, denn hier haben wir bereits wieder eine Falte! Der Ur-Grund ist faltenloses, komplikationsfreies Da-Sein.

Entwicklung bedeutet, bereits Vorhandenes zum Vorschein zu bringen.

Alles, was entschleiert, von Unwissenheit (Sanskrit: **Avidya**) befreit wird, nennen wir Offenbarung (engl.: **revelation**). Wir müssen vom Eindruck (**Impression**), der Einwirkung von außen, den Weg des Ausdrucks (**Expression**) wählen. Ausdruck und Ausstrahlung kommen von innen, aus der Schatzkammer jedes einzelnen göttlichen Wesens. Wer sich orientiert, bewegt sich wie ein Sonnenaufgang und richtet sich auf; Erhebung und Erhabenheit sind die Merkmale ständiger österlicher Auferstehung.

Der Mensch ist nicht für den Tod, für den Niedergang geschaffen, sondern für die Erfahrung seiner ewigen Lebendigkeit, die in seinem Urgrund seines göttlichen Wesensgrundes schlummert.

In Indien spricht man von der Erweckung der Schlangenkraft (**Kundalini-Shakti**), die als schlafende, spirituelle Kraft zusammengerollt am untersten Ende der Wirbelsäule ruht. Diese kosmische Energie benötigt Impulse, um aufsteigen zu können: Das nennen wir spirituelle Übung und Wegbegleitung. Die Schlange ist das Symbol der mikrokosmischen Energie.

Auf der Rückseite des Menschen, auf dem **Rücken** spielt sich offenbar unendlich viel ab. Die Kreuzschmerzen kommen von einer fehl gedeuteten Kreuzeslast. **Jesus Christus** selbst sagt uns: **„Mein Kreuz ist leicht!"** **Rückkehr** beispielsweise bedeutet, sich dem Rücken zuzuwenden, weil aus dem dortigen Kreuzgeflecht unsere Aufrichtung ermöglicht wird und letztlich die spirituelle Energie, Kundalini-Shakti, freigesetzt wird. Wer sich **rücksichtsvoll** (engl: **respectful**) verhält, erlebt das Wunder der Rückkehr zum Zentrum, zur Urquelle, aus dem die Kraft des Lebens unentwegt sprudelt. Wir brauchen Rückenstärkung, Aus- und Aufrichtung für den Durchbruch zum Wesentlichen, zur Essenz, zum Seinsgrund.

Mir ist bewusst geworden, dass das **morphogenetische Feld** ein dynamisches Schöpfungsgeschehen (*Werden*) ist, welches aus dem ruhenden Urgrund (*Sein*) hervorgeholt wird. Am Meeresgrund selbst findet man keine unruhigen Wellenbewegungen; je mehr man aus der Tiefe schöpfend (Kreation, Schöpfung kommt immer aus dem Urgrund und nicht von anderen Planeten) an die Oberfläche gerät, bekommt der Ozean, das Meer als herausragende Welle **Existenz** (lat.: **exsistere** = hervortreten).

Diese Existenz ist nur eine Teilwirklichkeit des ganzen Lebens, von dem der größere Part unsichtbar und verborgen ist. Der Baum wächst von unten nach oben und nicht in umgekehrter Richtung. Die Wurzeln unserer Existenz sind tief verankert.

Daher kommen ja unsere Ausdrücke: *„einer Sache auf den Grund gehen"*, *„das Leben ergründen"*, *„tiefe Gefühle haben"*, *„zutiefst erschüttert sein"*, *„Ursache"*, *„Grundmotiv"*, *„gründlich"*, *„aus gutem Grunde"*.

Das Leben lebt.

Der Tod kommt zu dem, was der Mensch kennt, nicht zum Menschen selbst. Die Gemüts- und Gedankenkräfte, welche die Tiefen des Lebensgeheimnisses nicht ergründet haben, sind bestürzt und unglücklich über den Gedanken des Todes.

Ein Sufi-Meister wurde befragt, was nach dem Tode geschehen würde. Und er antwortete:

„Diese Frage musst du jemandem stellen, der sterben wird, einem sterblichen Wesen – das aber bin ich nicht."

Alle großen Weisen und Heiligen Schriften lehren uns, dass es einen Himmel gibt, der unser eigenes Wesen ist (**Urgrund, Ursein, Gott, Brahman, Tao** u.a.). Dieser inwendige, tiefgründige Wohnort, der Tempel des Geistes, hat oftmals einen störenden Bewohner: das *Ego*.

Wenn ein Mann einen zerlumpten Mantel trägt, sagt er: *„ich bin arm"*. Tatsächlich aber ist der Mantel arm, nicht er selbst. Was der Himmel, der Raum in uns selbst aufnimmt, ist das, wofür der Mensch sich hält, seine Wirklichkeit, seine Begrenzung. Die Begrenzung ist die Tragödie der Seele. Man kann das inwendige Brahman-Schloss oder Königreich Gottes entweder mit seinem Ego füllen oder Gottes Anwesenheit immer größeren Raum verschaffen.

Das Ego nimmt Gott, dem Ur-Sein, die Wohnung weg und füllt es mit seinen selbsttäuschenden Begrenzungen.

Die Vielfalt der Existenzen, der tanzenden Wellen an der Meeresoberfläche, gehört zum Wunder des gesamten Lebens, das aus dem Urgrund beständig neu geschöpft wird und Form und Gestalt annimmt.

Vielleicht sollte man über den Prolog des Johannes-Evangeliums tiefer nachdenken, insbesondere über den 5. Vers:

„Und das Licht leuchtet in der Finsternis, und die Finsternis hat es nicht erfasst."

„Et lux in tenebris lucet et tenebrae eam non comprehenderunt."

Die Anwesenheit Gottes, das Licht in der Finsternis, der Unwissenheit, wird nicht im Hier und Jetzt wahrgenommen. Der Schleier der Nicht-Erkenntnis muss enthüllt werden.

Die direkte, unmittelbare Gottes- oder Seins-Erfahrung ist keine paraphänomenale Angelegenheit, sondern kristall-klarste Wirklichkeit, wo die Raum-Zeit-Bedingtheit (die phänomenale Welt) und die Raum-Zeit-Freiheit ungetrennt, ungeteilt als Nicht-Zweiheit (Sanskrit: *advaita*) wahrgenommen werden.

Wir alle sind Wellen auf dem Meer.
Das Meer kann ohne die Wellen bestehen,
aber die Wellen nicht ohne das Meer.
Auch der Geist kann
ohne den Menschen existieren,
aber der Mensch nicht ohne den Geist.
Vor der Geburt und nach dem Tod
sind alle Lebewesen unsichtbar.
Zwischen den zwei nicht-sichtbaren Bereichen
sehen wir ihre Existenz als Form und Gestalt.
Der größte Teil des Lebens bleibt unsichtbar.

ROLAND R. ROPERS

Zeit-Freiheit in Gottes Gegenwart

In GOTT leben wir,
bewegen wir uns, sind wir.

APOSTELGESCHICHTE 17, 28

Halt an, wo läufst Du hin,
der Himmel ist in dir.
Suchst du Gott anderswo,
du fehlst ihn für und für.

ANGELUS SILESIUS

Täglich erleben wir an den Fernsehschirmen die gewaltigen Krisenherde auf dem Planeten Erde: Krieg, Zerstörung, Macht, Hass, Ungerechtigkeit, unsagbares Leid. Der Ruf nach Gottes Gerechtigkeit wird zur Zeit überall vernommen. Die anmaßenden Forderungen des Menschen, er möge helfen und eingreifen, können **nicht** erfüllt werden.

Erneut wird das von Theologen bis heute ungelöste Problem der **Theodizee** (die Rechtfertigung Gottes angesichts des Leidens der Menschen) diskutiert. Für die meisten Menschen ist der Widerspruch zwischen dem Glauben an Gott und dem Sinnverlust, der mit dem Leiden verbunden ist, nicht zu verstehen. Wie kann ein allmächtiger und gütiger Gott das Böse in der Welt zulassen, warum müssen wir leiden?

Bereits der griechische Philosoph **Epikur** (341 – 270 v. Chr.) hat sich verzweifelt mit dem göttlichen Paradoxon beschäftigt. Der deutsche Philosoph und Mathematiker

Gottfried Wilhelm Leibniz (1646 – 1716) versuchte, das Böse, den freien Willen des Menschen und die Rechtfertigung der Schöpfung in Einklang zu bringen. Von ihm stammt der Begriff **Theodizee**.

Wer auf dem mystisch-spirituellen Pfad Erfahrungen hat, weiß sehr genau, dass Gott weder eingreifen muss, noch eingreifen kann. Seine All-Macht liegt auf einer Ebene, die jenseits unserer Machtvorstellungen liegt. Man kennt das klassische Beispiel aus den Kriegen der Vergangenheit: Waffen wurden sogar von Priestern gesegnet, und man betete für den Sieg über den vermeintlichen Feind. Und die Gegenseite tat das Gleiche. Gebete französischer katholischer Priester gegen die Gebete deutscher Priester u.a.. Welches dieser Gebete sollte Gott erhören? Er kann es nicht. Genau aber das möchten viele Menschen noch heute: Sie beanspruchen Gott für sich exklusiv und weisen anderen eine geringfügigere Teilhabe an der göttlichen Wirklichkeit zu.

Und was meint **Gott** dazu, der gar nicht befragt wird? Er schweigt. Denn er bleibt unbeweglich, voller Heiterkeit und Gelassenheit in seinem ureigentlichen Zentrum, im Hier und Jetzt, brav zu Hause.

Wer angekommen ist, muss nirgendwo mehr hin.

Gott, wie auch immer wir das Ur-Sein bezeichnen wollen (**Brahman, Nirvana, Tao** u.a.), lädt uns ständig zur kostenlosen Heimkehr in unser eigenes inneres Zentrum ein. Die Distanzierung von der Peripherie der Sensationen, wo Kriege geführt werden und Wettbewerbskämpfe stattfinden, ist ein schmerzlicher Prozess.

Wie hat der berühmte bayerische Komiker und höchst geistreiche **Karl Valentin** so treffend gesagt:
> *„Ich will jetzt mal nach Hause gehen*
> *und nachschauen, ob ich überhaupt da bin."*

Es wird so viel vom **Höheren Selbst** (engl.: **higher self**) gesprochen, aber nirgendwo wird der Ursprung dieses Wortes reflektiert. **Selbst** (lat.: **ipse**) hat mit Identität, mit Wesenseinheit zu tun. *„Erkenne Dich selbst!"* (griech.: *gnothi seautón*),* die berühmte Inschrift des Apollotempels in Delphi, beinhaltet die Aufforderung, das Unsterbliche in meinem Wesen zu erkunden.

Von **Jesus Christus** sagt man, er sei eines Wesens mit dem Vater, d.h. identisch mit dem Urgrund, der Urquelle, dem Ursprung alles Seins. Nach hinduistischem Verständnis ist **Atman** das wirkliche, unsterbliche Selbst des Menschen, der unbeteiligte Zuschauer jenseits von Körper und Denken und als absolutes Bewusstsein identisch mit **Brahman**.

Von Geburt an bleiben wir stets **dieselben**, aber niemals **die Gleichen**. Äußere Dinge mögen sich verändern und sichtbar werden, der Wesenskern, das Selbst bleibt davon unberührt.

Selbstverwirklichung (engl.: **self realization**) im Sinne von **Yogananda** hat nichts mit einem Ego-Trip zu tun, sondern bedeutet das Aufspüren des innewohnenden Geistes, von **Atman**, dem Atem Gottes aus dem innersten Wesensgrund.

Die Trennung von dieser ewigen Lebensquelle liegt in unserer Ich-Verhaftung begründet. Engländer und Amerikaner betonen das Ich ganz besonders, weil sie das „I" stets mit einem Großbuchstaben schreiben.

Wir brauchen kein Ich-Vertrauen, sondern Selbst-Vertrauen. Das Ich steht dem Urgrund und letztlich auch der Inspiration im Wege. Zu mir selbst kommen heißt, zu mir nach Hause kommen. Dort, wo ich bin, ist mein Zuhause. Es geht nicht um Herkunft oder Zukunft, sondern um ständige Ankunft. Damit wachsen das Selbstbewusstsein und die Selbstsicherheit.

Machen wir uns selbst eine Freude!

Die Philosophie hat sich seit ihrer Existenz mit der Frage beschäftigt:

Was ist Zeit?

Das deutsche Wort Zeit (engl.: **_time_**, lat.: **_tempus_**, frz.: **_temps_**) geht etymologisch auf das englische Wort **_tide_** (Tide, Zeit zwischen Ebbe und Flut) zurück; im Plattdeutschen, das heute von immer weniger Menschen gesprochen wird, kennen wir den Ausdruck: **_keen tid_** = keine Zeit.

Mit **Zeit** füllen wir die **Leere**, vor der uns graut. Die Zeit lässt sich nicht auf etwas anderes zurückführen, es gibt nichts **hinter** oder **vor** ihr, es gibt nur etwas **dazwischen**. Dieses **Dazwischen-Sein**, die **Zwischen-Zeit** (engl.: **_mean-time,_** frz.: **_entre-temps_**) ist ein interessantes Phänomen, mit dem wir oft zu tun haben: **_Was soll ich in der Zwischen-Zeit machen?_** Das englische Wort **_mean_** kann hier doppeldeutig aufgefasst werden, worauf ich schon viele Engländer und Amerikaner aufmerksam gemacht habe: Das englische Adjektiv **_mean_** steht für mittelwertig, während das Verb **_to mean_** heißt: von Bedeutung sein.

Zwischen-Zeit, **geschenkte Zeit ist Leere** und daher von so großer Bedeutung.

Wir konstruieren Gewissheiten und Ordnungen im Hinblick auf das Vergängliche. Es ist nicht die Zeit, die wir messen, sondern wir messen Veränderungen, Prozesse.

Die Uhr (franz.: **le montre**, sie zeigt etwas; engl.: **the watch**, sie wacht über etwas) misst demnach nicht die Zeit, vielmehr ist es der Lauf der Zeiger, den wir als Zeit bezeichnen und mit besonderen Maßstäben etikettieren (Stunde, Minute, Sekunde). Daher fragt der Franzose nie nach der Uhr-Zeit, sondern nach der Stunde: *Quelle heure est-il?*

Unser Zeit-Bewusstsein entwickelt sich in enger Verbindung mit Entwicklungsprozessen in der Umwelt. Dort, wo sich nichts verändert, herrscht **Zeit-Losigkeit**. Wir leben heute in immer größerer **Zeit-Not** anstatt im **Zeit-Wohlstand**. Wir meinen Zeit besitzen zu können und unterliegen dabei der größten Illusion.

Aber trotz vermeintlicher **Zeit-Nöte** wird uns einmal im Jahr ein **Zeit-Geschenk** gemacht. Allerdings erleben es nur wenige Menschen bewusst genug. Jedes Jahr der gleiche Trick: Im Frühjahr nimmt man uns eine Stunde und im Herbst erhalten wir sie wieder zurück. Im Englischen nennt man dies: *daylight saving*, das Retten von Tageslicht. Dass wir Zeit geraubt bekommen, das kennen wir nur allzu gut, das passiert uns täglich, nicht nur bei der jährlich wiederkehrenden Einführung der Sommerzeit. Dass wir aber mit einer Stunde beschenkt werden, das ist in unserer High-Tech-Zivilisation eher selten. Die Uhr wird für eine Stunde ohnmächtig. Einmal im Jahr wissen wir für 60 Minuten nicht, was die Stunde geschlagen hat. Irgendwie haben wir Sehnsucht nach dieser Situation und trotzdem fürchten wir uns vor ihr. Die schöne Illusion, eine Stunde geschenkt zu bekommen, wir dürfen sie haben – aber wir dürfen sie nicht leben. Das Geschenk wird den meisten von uns im Schlaf gemacht, dann, wenn wir schön still und brav in unseren Betten liegen, zwischen zwei und drei Uhr nachts. Es ist dies die lebloseste Zeit des Tages, und die geschenkte Stunde ist es damit auch. Sie scheint zu stören. Wen eigentlich? Vielleicht die Deutsche Bahn AG, die um diese nächtliche Zeit die geringsten Organisationsprobleme mit dem Fahrplan hat. Aber warum sollen wir unser Leben eigentlich nach dem Schienenverkehr ausrichten? Lieblos gehen wir mit der geschenkten Stunde am Ende des Sommers um. Wir **überleben** die Zeit, aber wir **leben** sie nicht. Warum bekommen wir diese Stunde nicht zwischen 14 und 15 Uhr geschenkt? Damit könnten wir viel mehr anfangen. Das wäre doch großartig! Eine Stunde ohne **Zeit-Takt**. Eine Stunde Zeit, in der ich das Zeitliche bereits als Lebender segnen könnte. Freie Zeit, die nutzlos, aber nicht sinnlos ist.

Haben wir nicht **zeitlebens** (engl.: *all one`s life,* lat.: *per omnem vitam*) die göttliche Aufgabe und Herausforderung unsere **Zeitlichkeit** (engl: *temporality*) zu transzendieren, um **Zeit-Ewigkeit** zu erfahren? **Raimon Panikkar** hat hierfür den Begriff *tempiternitas* geprägt (von lat.: *tempus et eternitas* = Zeit und Ewigkeit) als Ineinanderverschmelzen von ewigem Sein und zeitlicher Freiheit.

Den deutschen Terminus **Zeit-Ewigkeit** führe ich hiermit erstmalig in unsere Sprache ein.

Wir sprechen im Alltag oft davon, dass die Zeit stehen geblieben ist. Zeit ist kein Objekt, kein Gegenstand, sie ist ein Orientierungsmittel, um Sicherheit in der sich wandelnden Welt zu gewinnen und zu schaffen. Es gibt viele Zeiten, denn alles will seine Zeit haben.

„Die Zeiten wandeln sich und wir wandeln uns in ihnen."

„Tempora mutantur et nos mutamur in illis"

Zeit-Genossen und **Zeit-Genossinnen** sind Menschen, die die **Zeit genießen** und nicht darüber lamentieren, dass sie keine Zeit haben oder finden, unter **Zeit-Druck** sind oder Zeit zu viel haben.

Wer in die Praxis der Kontemplation, dem Versenkungs-weg im Schweigen, tiefer eingedrungen ist, weiß aus Erfahrung, dass ein Sitzen in Stille **gegen** die Uhr zum Kampf mit diversem Unbehagen führt.

Nur wer die Zeit sein lässt, kommt in den **Leer-Raum**, in die Schatzkammer von Wissen und Weisheit.

Der deutsche Imperativ: *lass es sein!* (engl.: *let it be)* ist zutiefst bedeutungsvoll. Es geht darum, das Wesentliche **(ES)** anwesend (**SEIN**) zu lassen. Im Zustand der **Zeit-Losigkeit**, der **Zeit-Freiheit**, des Nicht-Verhaftet-Seins an Raum und Zeit, kommt unser wahres Wesen zum Vorschein. Es scheint von innen nach außen; das ist das Phänomen der *Aus-Strahlung*. Viel zu viele Menschen, die im Schein-werferlicht von Politik-Show und Entertainment stehen, leben von der *An-Strahlung*, und ihnen fehlt die zum Leben gehörende *Aus-Strahlung*.

Jeder erleuchtete Meister strahlt von innen, von seinem Wesenskern, von seinem Zentrum der Nicht-Anhaftung an äußere Erscheinungen, an periphere Ereignisse.

Ein Meister kennt keine **Zeit-Not**. Er lebt **zeitfrei** und **zeitlos**, präsent – von Vergangenheit und Zukunft unberührt.

Exkurs: Warum hat das Gehör mit hören zu tun, das Verb gehören mit Besitz? Gehorsam, gehorchen, gehören haben ihre etymologische Wurzel in: *mit dem Ohr wahrnehmen*. Wenn mir etwas nicht gehört, dann hört es nicht auf mich. Wenn ich aufhöre etwas zu tun, dann beende ich den Vorgang des Hörens.

DIE GRUNDFRAGE UNSERES LEBENS: WER BIN ICH?

GOTT ist Mensch geworden,
damit der Mensch GOTT wird.

AURELIUS AUGUSTINUS

Der Weg des Menschen ist die Rückkehr
zu der Quelle, zur Wurzel, zum Seinsgrund.
Jenseits von Körper und Seele,
von Gefühl und Gedanke,
gibt es einen Zustand, in dem der
Mensch zu seinem Sein erwacht,
indem er seine Quelle entdeckt, und das
nicht etwa in Bewusstlosigkeit,
sondern in reinem Bewusstsein.
Dies ist das Ziel, das angestrebt werden muss.
In ihm wird Selbstverwirklichung und
Selbsterkenntnis gefunden. Dies ist die
Erkenntnis des Selbst, des Atman,
des Geistes, wo der Geist des Menschen
den Geist Gottes erreicht und berührt.

BEDE GRIFFITHS

DIE PANTHEISMUS-FALLE: ICH BIN GOTT

Wir leben in einer äußerst krisenhaften Zeit. Alle Weisen mahnen zur Besinnung, zur Um- und Rückkehr in das ureigenste Zentrum, welches man mit **Gott, Brahman, Seinsgrund, Nirvana** u.a. bezeichnen kann. Der große

Transformationsprozess vollzieht sich bereits seit längerem, und immer wieder werden wir durch periphere Sensationen und Phänomene in Atem gehalten.

Pantheismus: GOTT = Natur, Mensch. Gott und Mensch werden auf eine Stufe gestellt.

Pan-en-theismus: GOTT ist im Menschen, der Mensch in Gott; aber der Mensch ist **nicht** GOTT!

Viele Menschen sind auf der Suche nach einem Heilmittel (engl.: **remedy,** von lat.: **re medium** = Rückkehr zur Mitte). Sowohl die **Med**izin als auch die **Med**itation haben diese lebensnotwendige Mitte, das Zentrum im Auge. Friede kann nur im Herzen des Menschen, in seinem Tiefst-Inneren statt-finden, im **Recording-Centre. Recording** bedeutet wört-lich: Rückkehr zum Herzen, und daher auch das lateinische **recordari** = sich erinnern, beherzigen.

Jede Erinnerung und Verinnerlichung der Gegenwart Gottes ist eine Herzensangelegenheit und nicht ein Akt des Gehirns.

Brain-Storage – das Speichern von Daten und Fakten – darf man mit wesentlicher Erinnerung nicht verwechseln.

Der Bewusstseinswandel ist nicht etwas völlig Neues, sondern lediglich die uralte Wieder-Erkenntnis einer **not**-wendigen gemeinsamen Geburt (frz.: **connaissance**). Sucht man in einem französischen Wörterbuch nach der deutschen Übersetzung des Wortes **connaissance**, so findet man: Er-kenntnis, Bewusstsein – von gemeinsamer Geburt ist nicht die Rede. Wenn aber **la naissance** Geburt bedeutet, ist logischerweise **con-naissance** die gemeinsame Geburt. Das englische Wort für Bewusstsein heißt **consciousness** (von lat.: **conscire** = zusammen oder gemeinsam wissen).

In unserer heutigen Zeit ist das Prefix „**con**" (lat.: **cum**) von ganz besonderer Bedeutung. Alles hängt mit allem zusammen, wie die Sterne im Universum eine Konstellation bilden (lat.: **stella** = Stern).

Gleichzeitig muss man mit großer Sorge zur Kenntnis nehmen, wie in so genannten spirituellen Kreisen – leider oft unbewusst bzw. in Unkenntnis – in ähnlicher Weise mit der Inanspruchnahme Gottes verfahren wird.

Avidya (Sanskrit: Nicht-Wissen) ist ein wichtiger Begriff der Vedanta-Philosophie. Die individuelle Nicht-Erkenntnis vermag zwischen Vergänglichem und Unvergänglichem, zwischen Wirklichem und Unwirklichem nicht zu unterscheiden, die kosmische Nicht-Erkenntnis ist **Maya** (Illusion). **Avidya** gilt als die Wurzel alles Unheilsamen in der Welt; es ist derjenige Geisteszustand, der illusorische Phänomene für Wirklichkeit hält und Leiden herbeiführt. Die Aussage „*Ich bin Gott*" bei gleichzeitiger Wahrnehmung und Verbreiten multivalenter Wirklichkeits-Ideen ist äußerst problematisch und verursacht Schäden ungeahnten Ausmaßes.

Über Jahrhunderte hat die römisch-katholische Kirche die Lehre vertreten, **Jesus Christus** sei Gott. Christus selbst hat von sich diese Aussage nie gemacht und hat sich nur als Sohn Gottes betrachtet. Jeder Mensch ist nach dem Ebenbild Gottes geschaffen und ist in Gottes Urgrund beheimatet. Viele esoterische Gruppen schließen sich nun der Lehrmeinung der katholischen Kirche an und sagen berechtigter Weise: „*Wenn Jesus Gott ist, dann ist jeder Mensch Gott!*" Das ist verständlich.

Nur Jesus selbst hat diesen Anspruch nicht erhoben; bedeutende spirituelle Lehrer haben immer wieder betont, dass Jesus Christus der Sohn Gottes ist, aber nicht Gott selbst.

Wer von sich selbst sagt: *„Ich bin Gott"* verwechselt Identität mit Identifikation und erhebt sich zum Schöpfer des Universums. Der Mensch ist zweifellos ein **Co-Kreator**, ein ständig Mitschöpfender, aber nicht der Schöpfer allein. Vor dieser irrigen Annahme haben zu allen Zeiten die Meister und Weisen gewarnt.

In Unkenntnis der großen Heiligen Schriften wird der klassische Lehrsatz der Veden oft missgedeutet:

Aham Brahman Asmi.
Ich bin Brahman.

Aham ist das wirkliche Ich des Menschen und muss von **Ahamkara** (Ich-Bewusstsein) unterschieden werden. **Brahman**, das ewige, unvergängliche Absolute, die höchste, nicht-duale Wirklichkeit des Vedanta, ist ein Begriff, für den es in den dual aufgefassten Religionen mit einem persönlichen Gott kein Äquivalent gibt. Brahman ist ein Zustand reiner Transzendenz, der Überschreitung der Polarität von Geburt und Tod, wo Vorstellungen und Projektionen von Reinkarnation u.ä. keinen Platz finden.

Der vedische Ausspruch *„Kam Brahman"* (*Alles ist Brahman*; christlich ausgedrückt: *alles ist Gott*) besagt, dass nur Brahman, der Wesensgrund existiert und wir darauf eine Vorstellungswelt des Denkens projizieren wie eine Schlange auf ein Tau.

Jede ernsthafte Kontemplations-Übung, die von Imaginationsgebilden befreit ist, versucht auf dem Weg in die völlige Leere (**Nirvana** = das Auslöschen aller Gedanken) sich dem göttlichen Urgrund zu nähern. Je näher man sich diesem unzerstörbaren, ewig in jedem Menschen existierenden Wesenskern kommt, desto kleiner wird das hinderliche Ego und die Gegenwart Gottes strahlt leuchtend hervor.

Der berühmte Sufi-Meister **Pir Vilayat Inayat Khan** (1916 – 2004), einer der großen Weisen des 20. Jahrhunderts, der zwei Tage vor seinem 88. Geburtstag am 17. Juni 2004 in der Nähe von Paris starb, warnte:

> *„Auf dem Wege in das innerste Zentrum gibt es Zwischenstadien. Vielleicht haben Sie Visionen – z.B. von Engelsgesichtern oder von Tempeln aus Licht, von Weltuntergängen oder von Menschen, die über die Schwelle des Todes geschritten sind. Vielleicht haben Sie auch akustische Wahrnehmungen, hören Klänge, wie die Symphonie der Sphären.*

> *Dies alles sind nur Zwischenstationen, und Sie sollten nicht zulassen, von ihnen gefangen oder aufgehalten zu werden. Sie sollten diesen Zustand auch nicht von sich aus bestärken, denn er bewirkt das Aufblähen des Ego, und wenn sie zurückkehren in das Alltagsbewusstsein, ist die Versuchung groß, sich solcher Erlebnisse zu rühmen, was das Bewusstsein auf das Ego zentriert.*

> *Meditation ist kein Erlebnis, sie ist Kommunion.*

> *Wo es Erfahrung gibt, da gibt es ein ‚Ich' und ein ‚Es", und jemand, der über eine Vision spricht, befindet sich in einem Zwischenzustand.*
> *Man kann stecken bleiben in jeder dieser Ebenen, wie etwa der astralen, und viele beschreiben diesen*

Zustand. Er ist eine Spaltung des Bewusstseins. Psychologisch entspricht er dem Zustand der Schizophrenie. Er ist ein Annehmen zweier verschiedener Persönlichkeiten. Astralreisen bringen gewisse Gefahren mit sich. Man ist gespalten zwischen zwei Welten.

In der echten Meditation müssen wir etwas, das größer ist als unser Wille und unser Bewusstsein, die Führung übernehmen lassen."

Die „Ich-bin-Erfahrung" macht nur derjenige, der sich aus der Projektionsvielfalt von Imaginationen, Visionen, Durchsagen, Rückführungen etc. verabschiedet hat zugunsten der authentischen Berührung des göttlichen Wesensgrundes. An diesem Punkt hören Konflikte jedweder Art auf. Die spirituellen Lehrer haben es sich zur Aufgabe gemacht, ihre Schüler dorthin zu führen und sie vor den Fallstricken göttlicher Eigenmächtigkeit zu bewahren. Die Unterscheidung der Geister ist eine gefährlich Gratwanderung auf des Messers Schneide. Die indischen Meister sprechen von: *„on the razor's edge."*

Wir sind Zweige des göttlichen Baums – *„Ich bin der Weinstock, Ihr seid die Reben"* (Johannes 15, 5). Wir sind Ströme des göttlichen Quellbrunnens (Johannes 7, 38), Glieder des göttlichen Leibes (Römer 12, 5). Der Geist des auferstandenen Christus fließt durch uns hindurch und verwandelt das Leben.

Wenn wir in uns und um uns diesem verwandelnden Geist Raum geben, erfahren wir, dass der Geist das Wesen unseres Wirkens ist.

In einem begnadeten Augenblick dürfen wir dann mit Paulus erkennen:

„Ich lebe, nein nicht ich, Christus lebt in mir!"

GALATER 2, 20

Im Durchbruch zu diesem mystischen Bewusstsein erleben wir, was die christlichen Mystiker mit dem Wort „**Theosis**" bezeichnen: Vergöttlichung, Gott-Werdung. In Christus ist Gott Mensch geworden, um die in uns verborgene Dimension der Göttlichkeit wachzurufen. Christus ist die Gestalt der tiefen Einheit des Menschen mit dem göttlichen Seinsgrund, und durch ihn sind wir berufen *„von der ganzen Fülle Gottes erfüllt zu werden"* (Epheser 3, 19). An ihm erkennen wir, zu welch befreiender Erfahrungstiefe wir eingeladen sind, welcher Schatz in uns verborgen liegt.

Erkenne, wer du bist.
Werde, der du bist.
Du bist göttlich!

Der Geist des auferstandenen Christus verwandelt das Leben nicht nur in den Menschen, sondern auch im gesamten Kosmos. Die ganze Schöpfung wird vom Licht der Auferstehung durchflutet.

„Alles wird mit Gott durch Christus in Einklang gebracht"

KOLOSSER 1, 20

„Gott versöhnt die Welt mit sich in Christus"

2 KOR 5, 19

Die ganze Schöpfung erlebt eine universale **Christophanie**. Christi Gegenwart scheint durch alles hindurch. Die Auferstehung Christi ist nicht einfach ein Geschehen der Vergangenheit. Sie ist die Tiefendimension des Heilsvorgangs in der Gegenwart. Die ganze Schöpfung befindet sich in einem Prozess der Anteilnahme an der Freiheit der Kinder Gottes an der Herrlichkeit Gottes. Wir Menschen sind eingeladen und berufen, an diesem Prozess mitzuarbeiten.

„Zur Freiheit hat uns Christus befreit"

GALATER 5,1

„GOTT, Du bist mir näher,
als ich mir selbst jemals sein könnte!"

AURELIUS AUGUSTINUS

GOTT ist ein Energiefeld, das in uns und um uns herum wirkt!

„Das Königreich Gottes ist inwendig in Euch!"

LUKAS 17, 21

NEUGEBURT AUS DEM URGRUND

In unserem Leben geht es um tägliche Neugeburt – nicht aber um eine Wiedergeburt nach dem Tode. Wir brauchen den Tod nicht zu fürchten, nicht zu überlisten und auch nicht mehr zu überwinden. Er ist schon überwunden in Jesu Christi Tod und Auferstehung.

Im Johannes Evangelium, Kapitel 3, spricht **Jesus** zu
Nikodemus:

> *„Wenn jemand nicht von neuem geboren wird, kann*
> *er das Reich Gottes nicht sehen".*

Und Nikodemus entgegnete ihm:

> *„Wie kann ein Mensch, der schon alt ist, geboren*
> *werden? Er kann doch nicht in den Schoß seiner*
> *Mutter zurückkehren und ein zweites Mal geboren*
> *werden."*

Jesus antwortete:

> *„Wenn jemand nicht aus Wasser und Geist geboren*
> *wird, kann er nicht in das Reich Gottes kommen.*
> *Was aus dem Fleisch geboren ist, das ist Fleisch; was*
> *aber aus dem Geist geboren ist, das ist Geist.*
> *Wundere dich nicht, dass ich dir sagte: Ihr müsst von*
> *neuem geboren werden."*

Diese Szene ist nicht ohne Reiz. Mitten in der Nacht
kommt ein hochrangiger Vertreter des offiziellen Judentums,
der Pharisäer Nikodemus zu Jesus, um mit ihm zu disku-
tieren.

Der Evangelist Johannes verrät uns nicht, wer der Zeuge
dieser nächtlichen Begegnung ist. Man darf also Zweifel
anmelden, ob dieses Gespräch tatsächlich stattgefunden hat
oder im Nachhinein beweisen soll, dass angesehene Juden
mit Jesus Kontakt pflegten. Nikodemus scheint jedenfalls
Probleme zu haben, Jesus in der Öffentlichkeit zu befragen.
Die neue Lehre interessiert ihn, aber er will sich ganz
unverbindlich und inkognito informieren. Das Gespräch
nimmt einen eigenartigen Verlauf. Nikodemus versucht

offenbar herauszufinden, für wen Jesus sich selbst hält. Er sagt:

„Wir wissen, du bist ein Lehrer des Volkes, den Gott gesandt hat, denn ohne Gottes Hilfe könntest du keine Wunder wirken."

Jesus antwortet mit einem Satz, der überhaupt nicht auf Nikodemus einzugehen scheint:

„Wenn jemand nicht von neuem geboren wird, kann er das Reich Gottes nicht sehen."

Die meisten Bibelkommentare verstehen diesen berühmten Dialog zwischen Jesus und Nikodemus als einen Hinweis auf das Taufsakrament. Aber das Wort von der *„Neugeburt aus Wasser und Geist"* lässt eine weitergehende Deutung zu. Wasser ist in allen Kulturen von elementarer Bedeutung und Symbolkraft. Ohne Wasser kein Wachstum, kein Leben für Mensch und Tier und Pflanze. Es hat reinigende, heilende Wirkung. Es löst und verbindet, ist formlos und weich, aber stärker als Stein. Es gestaltet Landschaften und zerstört sie wieder, es schenkt Fruchtbarkeit und Leben, bringt Tod und Untergang.

Fast alle Schöpfungsmythen gehen davon aus, dass Wasser der Urstoff gewesen sei, aus dem die Welt entstand. Auch der biblische Schöpfungsbericht beginnt:

„Finsternis lag über der Urflut, und Gottes Geist schwebte über dem Wasser"

GENESIS 1,2

Was in der Einheitsübersetzung der Bibel farblos *„Urflut"* genannt wird, ist kein still ruhender See, sondern ein gewaltiger, brausender Ozean, chaotisch und ungeordnet, ohne Gegensätze von oben und unten, hell und dunkel, Vergangenheit und Zukunft. Geist und Wasser bilden ein dynamisches Ganzes, aus dem *„Welt"* entsteht.

Auch die griechischen Philosophen sahen im Wasser den *„Ursprung des Lebens"* (**Thales von Milet**). **Alexander der Große**, so berichtet die Sage, sei bis an die lichtlosen, nebelerfüllten Randzonen der Welt vorgedrungen, um das *„Wasser des Lebens"* zu suchen – eine Quelle, in der unterzutauchen unsterblich machen sollte.

Ebenso spricht **Jesus** zu der Frau am Jakobsbrunnen vom *„Wasser des Lebens"*, wenn er sagt:

> *„Wer von diesem Wasser trinkt, wird wieder Durst bekommen; wer aber von dem Wasser trinkt, das ich ihm geben werde, wird niemals mehr Durst haben; vielmehr wird das Wasser, das ich ihm gebe, in ihm zur sprudelnden Quelle werden, deren Wasser ewiges Leben schenkt."*
>
> JOHANNES 4, 13-14

Diesen Satz könnte **Buddha** gesagt haben. Gier und Unwissenheit sind nach seiner Lehre die Ursachen des Leidens auf Erden, mit dem sich jeder Mensch konfrontiert sieht.

Auch der Gedanke des Wiedergeborenwerdens, der Nikodemus in Erstaunen versetzt, war ihm nicht fremd. In der hinduistischen Volksfrömmigkeit gab es die Vorstellung einer Seelenwanderung: Nach dem Tod verlässt die Seele des Menschen dessen Körper, um in neuer Gestalt in einem neuen Lebewesen reinkarniert zu werden. Abhängig von seinen guten oder schlechten Taten (das Sanskritwort *karma* bedeutet Tat), wird jeder Mensch im Pflanzen-, im Tier- oder im Menschenreich wiedergeboren. Die Seelenwanderung gab eine Antwort auf das schwierige Problem einer gerech-ten Vergeltung von Gut und Böse, über das die Menschheit immer wieder nachgedacht hat.

Das Fatale der Wiedergeburts-Theorie ist jedoch, dass der Mensch aufgrund seiner Unwissenheit und seines natür-lichen Lebensdurstes kaum in der Lage ist, sich so zu verhalten, dass eine Wiedergeburt in einer „höheren" Da-seinsebene gesichert erscheint. Erst durch eine endlose Kette von Wiedergeburten kann er sich zum Götterhimmel emporarbeiten, wo ihn zwar ein angenehmes, aber auch kein ewiges Leben erwartet.

Buddha löst sich radikal von der Vorstellung des Hinduismus, jede Tat des Menschen habe gute oder schlechte Folgen. Wenn das richtig wäre, so folgerte er, müsste es genügen, nichts zu tun, um zur Vollendung zu gelangen. Jeder Mensch ist aber schon durch seine physische Existenz dazu verurteilt, etwas zu tun, zum Beispiel sich Nahrung zu verschaffen. Buddha betont deshalb, nur jene Taten erzeugten gutes oder schlechtes Karma, die der Mensch willentlich vollziehe.

Buddhas Lehre weicht hier noch in einem zweiten Punkt von altvertrauten Vorstellungen ab. Für ihn existiert nichts, was über den Tod hinaus Bestand haben könnte, also auch keine ewige Seele, für die ja sonst eine Heilssphäre, etwa ein Paradies vorhanden sein müsste. Natürlich fragten die Brahmanen, was denn wiedergeboren werde, wenn Buddha die Seele leugne. Der scheinbare Widerspruch löst sich, wenn man die einzelnen Existenzen des Menschen nicht durch das Band einer unsterblichen und unveränderlichen Seele verknüpft sieht, sondern als ein Bedingungsgefüge versteht. Man stelle sich Billardkugeln vor, die einander berühren und ihre Bewegungsenergie weitergeben; der Lauf der ersten Kugel bestimmt alle nachfolgenden Zusammenstöße auf dem Billardtisch, aber jede Kugel bleibt Einzelkugel und gibt nichts von ihrem „Wesen" an die nächste Kugel weiter. Oder Bauklötze, mit denen ein Kind einen Turm baut: Die unteren Klötze tragen die oberen, ihr Vorhandensein ist Bedingung dafür, dass immer neue Klötze aufgetürmt werden können. Wird ein Klotz entfernt, bricht das ganze Gebäude zusammen. Buddhas Lehre zielt auf nichts anderes, als diesen Turm zum Einsturz zu bringen.

Buddhas legendenhafte Geburt ist bereits voller Symbolik, denn „*Maya*", der Name seiner Mutter, hat auch die Bedeutung von Illusion oder Täuschung. In eine Welt der Täuschungen und des schönen Scheins hineingeboren, sucht Buddha nach der Wahrheit.

Und eine Legende spiegelt Buddhas unerschütterlichen Glauben, einen Ausweg aus der endlosen Kette der Wiedergeburten gefunden zu haben – durch eine einmalige und endgültige, letzte Wieder- und Neugeburt:

> *„Als der Buddha geboren wurde, stand er auf, tat sieben Schritte in jede Himmelsrichtung und sprach: Ich werde dem Alter, der Krankheit und dem Sterben ein Ende machen. Dies ist in Wahrheit meine letzte Geburt. Ich werde nicht wiedergeboren werden."*

Woher nahm **Buddha** diese Gewissheit? Zunächst kam er in seiner Erleuchtungserfahrung unter dem Bodhi-Baum zur Erkenntnis, dass Wiedergeburt keine undurchschaubare und unberechenbare Angelegenheit sei, sondern einem logischen Gesetz folge:

> *„Wenn dies ist, ist auch jenes. Wenn dieses entsteht, entsteht auch jenes. Wenn dies nicht ist, wird auch*

jenes nicht sein. Wenn dies vergeht, wird auch jenes vergehen."

Anders ausgedrückt: Alles, was entsteht, entsteht in Abhängigkeit von anderem und kann nicht isoliert betrachtet werden.

Auf den ersten Blick scheint der Mensch ein hilfloses Opfer des Karma-Wirkens zu sein. Aber Buddha erkannte in der Gesetzmäßigkeit auch die Chance zur Befreiung. Durch rechtes Denken, rechtes Tun, rechte Lebensweise, kurz: Indem man dem achtfachen Pfad folgt, kann man die Gier (Sanskrit: *trishna*) auslöschen, die Entstehung schlechten Karmas verhindern und die leidvolle Kette der Wiedergeburten durchbrechen.

Dem Judentum war die Vorstellung einer Wiedergeburt fremd. Deshalb wundert sich Nikodemus, dass Jesus von der Notwendigkeit spricht, neu geboren zu werden. Und in der Tat ist dies ein Gedanke, den wir so nur im Johannes-Evangelium finden, dessen Autor von griechischer Philosophie und gnostischen Vorstellungen beeinflusst ist. *„Gnosis"* bedeutet Erkenntnis/Ur-Wissen.

Die alten Menschheitsfragen: *„Wer bin ich, woher komme ich, wohin gehe ich?"* versucht die gnostische Erkenntnislehre, die in der Spätantike in Kleinasien und im ganzen Mittelmeerraum verbreitet war, durch ein mystisches Weltmodell zu beantworten: Der Kosmos ist eine menschenfeindliche Macht, deren Gesetze böse sind und den Menschen zu vernichten drohen. Gott dagegen ist wie ein jenseitiges, ewiges Licht. Um zu diesem Licht zu gelangen, muss die menschliche Seele einen mühevollen Weg durch verschiedene Sphären zurücklegen. Das wahre Selbst des

Menschen, sein Wesenskern, seine Buddha-Natur, muss nach und nach von seinem Ego befreit werden, denn das Ego gaukelt dem Menschen nur die Schönheit der Welt vor, um ihn in der Diesseitigkeit gefangen zu halten. Jeder Mensch, so lehrt die Gnosis, trägt in sich einen Funken des ewigen Lichtes. Die Welt hat jedoch dieses Ur-Licht verdunkelt, so dass der Mensch nicht weiß, wo er hingehört. Da sendet das göttliche Licht von jenseits der Welt einen Retter aus, einen Rufer, der den schlafenden Lichtfunken aufweckt, so dass der Mensch sich selbst und seinen Ursprung erkennt.

> *„Wach auf, du Schläfer, und steh auf von den Toten, und Christus wird dein Licht sein."*

EPHESER 5,14

Ob die gnostische Lehre von indischen oder gar buddhistischen Vorstellungen beeinflusst ist, lässt sich nicht klären. Ähnlichkeiten und Berührungspunkte sind zweifellos vorhanden. Aber es wäre falsch, den Evangelisten Johannes als Gnostiker anzusehen, wenn er davon spricht, dass Jesus *„das Licht der Welt"* sei, oder dass *„das Licht in die Finsternis gekommen"* sei. Hier liegen eher archetypische Bilder zugrunde, die man in den verschiedensten Religionen findet.

„Wer nicht von oben her (im griechischen Originaltext steht *„anothen"* = vom Ursprung her) *geboren wird, der wird das Reich Gottes nicht sehen!"* sagt Jesus zu Nikodemus. Im Evangelium steht das Wort: *sehen!* Es geht also nicht um eine körperliche Wiedergeburt, auch nicht um eine Seelenwanderung, sondern um eine *„Neugeburt vom Ursprung"* her, welche den Menschen völlig verwandelt, transformiert, so dass er die Welt in neuem Licht sieht.

Jeder von uns ist durch Herkunft, Geburt, körperliche Konditionierung, Erziehung, Erlebnisse usw. in ein Netz von Beziehungen und Abhängigkeiten eingebunden, aber niemand ist hilflos darin gefangen. Wir sind nicht einmal für alle Zeit festgelegt auf das, was wir hier und heute sind.

Jeden Tag haben wir die Chance, unser Verhalten zu ändern, den Neuanfang zu wagen, neu geboren zu werden.

Der Ursprung des Lebens, auf den der Evangelist verweist, ist das Wasser des Lebens, die Ur-Flut, die Tiefendimension des Menschen, das in Gottes Ur-Grund Ruhen.

> *„Der Herr aber ist Geist, und wo der Geist des Herrn weht, da ist Freiheit. Wir alle spiegeln mit enthülltem Angesicht die Herrlichkeit des Herrn wider und werden so in sein eigenes Bild verwandelt, von Herrlichkeit zu Herrlichkeit durch den Geist des Herrn."*

2 KORINTHER 3,17-18

Die wirkliche Neugeburt findet nicht nach dem Tod infolge karmischer Verstrickungen statt, sondern ist die Rückbesinnung des Menschen auf die Qualität seines Denkens und Handelns, ist eine radikale Umkehr in diesem Leben.

Heilspropheten, die den Menschen nach dem Munde reden, gab und gibt es genug; ebenso wie die Unheilspropheten, die geradezu heißhungrig waren und sind nach einem Furcht erregenden Gottesgericht. Johannes fordert aber die Menschen auf, selbst ihren Beitrag zum kommenden Heil der Welt zu leisten, ihr bisheriges Leben zu überdenken. Das Himmelreich kommt nicht plötzlich. Es beginnt überall dort, wo Menschen aus ihrem Schlaf, Ihrer Unbewusstheit und zurechtgemachten Endzeithoffnung aufwachen.

> *„Die Zeit ist erfüllt, das Reich Gottes ist nahe: Kehrt um!"*
>
> MARKUS 1,15

Diese Umkehr (griech.: **metanoia**) ist nicht als Buße und Reue zu verstehen, sondern als Grenzüberschreitung unseres Intellekts (griech.: **meta nous**).

ERLEUCHTUNG – ERFAHRUNG – ERLÖSUNG – ERINNERUNG – ERKENNTNIS

Erfahrung bleibt des Lebens Meisterin.

J.W. VON GOETHE

Das deutsche Prefix „er" ist außerordentlich sonderbar. An fünf ausgewählten Worten versuche ich dieses „er" etymologisch zu beleuchten. Fangen wir mit dem Traumwort aller spirituell Suchenden an:

Erleuchtung:

lat.: *illuminatio*; engl.: *enlightment*. Wir haben es hier mit der Richtungsanweisung „in, hinein" zu tun. Es geht also um ein inneres Licht, um die Ausstrahlung, die von innen kommt. Erleuchtung ist das Produkt inneren, unsichtbaren Wachstums – ein oft sehr langer Prozess.

Erfahrung:

lat.: *peritia, scientia, prudentia;* engl.: *experience*. Mit *„fahren"* hat das Ganze nichts zu tun, sondern primär mit lat. *perire* (wörtlich: hindurchgehen, durchdringen). Die Richtungsanweisung ist **„per"** *(hindurch)*. Diesem Prozess vorangestellt ist das Präfix „ex" (heraus); d.h. man geht zunächst aus etwas heraus und dann hindurch. Das Doppelpräfix „ex & per" ist sehr bedeutungsvoll; z.B. in dem deutschen Wort **„Experiment"**. Jedes Experiment ist stets ein Stück Erfahrung.

Erlösung:

lat.: *liberatio, redemptio;* engl.: *redemption.* Jeder von uns ist auf der Suche nach Befreiung (lat. *liberatio*, engl. *liberation*, Sanskrit: *moksha).* **Redemption** kommt von lat. *re-emere* = zurücknehmen. Die Richtungsanweisung lautet: **„zurück, hinweg".**

Alle oben genannten Begriffe **Erleuchtung, Erfahrung, Erlösung** können letztlich nur über den Heimweg zur Quelle (*Return to our Original Source*) sinnvoll verstanden werden, denn unsere göttlichen **Ressourcen** sind nur in der Rückkehr zum Ursprung erfahrbar. Dann wird aus dem **zurück (re)** ein **mit (con)**, das **Mit-Wissen** mit dem göttlichen Urgrund (lat.: *conscientia*); **Bewusstsein** ist Wachwerden (engl.: *awakening*) zum Wissen, das nur in unmittelbarer Verbindung mit dem ursprünglichen Sein, im Hier und Jetzt, als **Angekommen-Sein** und nicht als Zukunft, zum Durchbruch kommt.

Erinnerung

ist die Verinnerlichung, die Rückanbindung an das Innerste; lat.: *recordari* (wörtlich: zurück zum Herzen), engl.: *to remember* (wieder Mitglied des Innersten werden). Die Richtungsanweisung lautet wiederum **„re"**: zurück, heimwärts, **religiös werden**, wieder angebunden sein an den immanenten, in mir wohnenden Urgrund, **the indwelling original source.**

Erkenntnis,

das gemeinsame Wissen, Wahrnehmen, Kennen; lat.: *cognoscere* (das Prefix „*cog*" steht für „*cum*/*con*"; *cognatus* = blutsverwandt; wörtlich: mit jemand zusammen geboren sein); engl: *to know, knowledge.* Die gleiche Richtungsanweisung wie bei Bewusstsein: „**con**", zusammen, gemeinsam.

Dieser gemeinsame Prozess ist auch außerordentlich wichtig bei meiner Erschaffung der Wirklichkeit. Der **creative** Mensch ist letztlich immer ein Co-Creator, ein Mitschöpfer Gottes und schöpft nicht allein aus sich selbst heraus.

Viele der **übermütigen** statt **demütigen** Biotechnologen versuchen sich zunehmend als Herrscher der Natur zu gebärden und haben Gott als ihren Mitspieler und Co-Creator bereits ausgeschlossen. Erkenntnis bleibt immer ein Akt von Gemeinsamkeit, eine **conditio sine qua non.**

Essenz & Wirklichkeit

Die wesentliche Wirkkraft heißt: Liebe

Die **Essenz** ist das Wesentliche unseres Lebens. Essenzen sind zweifellos wirkungsvoller als **Substanzen** – Essenzen sind zum Befreitwerden hin orientierte Kräfte, die ein **Heil-Sein** ermöglichen.

Alles, was gegenwärtig ist, hat essentielle, wesentliche Natur.

Essenz kommt von lat.: **esse** = sein.

Substanz hingegen kommt von lat.: **substare** = unter etwas stehen. Substanz hat eine subordinative Eigenschaft genauso wie das **Subjekt** (wörtlich unterworfen sein), von lat.: **subiacere** = unterwerfen, unten liegen.

Unter dem holistischen, ganzheitlichen Aspekt ist unser ganzes Universum harmonisch und heil. Wer **katholisch** (nicht unbedingt römisch) ist, lebt immer dem Ganzen (griech.: **kath holon**) entsprechend.

Das Urwesen, die Uressenz, das Ursein des Menschen ist Eins-Sein und nicht Trennung.

Die Wirklichkeit ist nur **trans-rational** und **trans-phänomenal** zu erfassen – aus diesem Grund hat die Übung der Kontemplation, der Theorie, der Wesensschau eine so wichtige Funktion. In allen europäischen Sprachen gibt es kein adäquates Wort für Wirklichkeit; im Englischen sprechen wir von **reality**, was von lat.: **res** = Ding, Sache kommt. Es geht nicht um eine Dinglichkeit sondern um eine wesentliche Wirkkraft, der wir uns ausliefern müssen. Das deutsche Wort **Wirklichkeit** (lat.: **actualitas**) geht auf den deutschen Mystiker **Meister Eckhart** zurück:

„ER wirkt, damit ich werde!"

Diese wesentliche Wirkkraft heißt **Liebe** – und **Liebe ist Leben**. **Love is Life**. Liebe kann nur in der Gegenwart, im Zentrum erfahren werden und ist nicht projizierbar auf Vergangenheit und/oder Zukunft.

Das wirkungsvollste Lebensmotto kann nur heißen:

„Amo, ergo sum* – ich liebe und lebe, also bin ich!"

Die Liebe ist die Wirkkraft des Universums.

Und vielleicht sollte man auch in Zeiten von Krankheit und Not zuerst nach der Essenz „**Liebe**" greifen, bevor man sich mit Substanzen narkotisiert, die das Wesentliche immer wieder verschleiern.

Liebe & Leben sind das größte Risiko, das wir eingehen. Hier gibt es keine Versicherung – nur ständige Erneuerung und Fortsetzung.

---

* Buchempfehlung: Die Kulturanthropologin und spirituelle Lehrerin Dr. **Christina Kessler** hat zu diesem Thema zwei bemerkenswerte Bücher publiziert:

AMO ERGO SUM - ich liebe, also bin ich, Arbor Verlag

Herzensqualitäten - Die Intelligenz der Liebe, Integral Verlag

Der Geist des Universums ist Liebe

Bede Griffiths spricht vom Schicksal der Menschen, mit Gott eins zu werden in einer Einheit, die alle Unterschiede tilgt. In seinem bemerkenswerten Buch *„Return to the Centre"*, entwickelt Bede Griffiths am Ende großartige Gedanken über das Ewige Leben.

Die Seele muss für diese Welt, für den Körper, für sich selbst sterben, wenn sie in das göttliche Leben eingehen will. Sie muss in ihrer geschaffenen Natur absterben, aber sie lebt in Gott, durch Gott und für Gott. Sie wird Teil des Ozeans, aber darum hört sie nicht auf zu existieren. Wie der hl. **Franz von Sales** sagt:

„Angenommen ein Wassertropfen würde in ein Meer von Orangensaft geworfen, würde er nicht in großer Freude ausrufen: Fürwahr, ich lebe, aber nicht ich lebe, sondern dieser Ozean lebt in mir, und meine Seele ist in ihren Tiefen verborgen? Die Seele, die in Gott hinübergeht, stirbt nicht; denn wie könnte sie dadurch, dass sie im Leben eintaucht, sterben? Vielmehr lebt sie dadurch, dass sie nicht sich selbst lebt."

Das ist der Tod der Seele, der ewiges Leben ist.

Aber was ist mit Gott? Überlebt er diesen Tod, dieses Hinüberschreiten?

Wenn wir unter Gott ein Wesen verstehen, das dem Menschen gegenübersteht als Herr, als Schöpfer, als das Andere, dann kann dieser Gott kaum bleiben.

Die Seele hat ihr gegenwärtiges Bewusstsein und ihr geschaffenes Sein überschritten. Die Unterscheidung zwischen Gott und Seele ist aufgehoben. Nicht Gott bleibt, sondern die Gottheit, nicht *„saguna" Brahman*, der Gott mit Eigenschaften und mit seiner Beziehung zum Menschen, sondern *„nirguna" Brahman*, der Gott ohne Eigenschaften, die absolute Transzendenz.

Wir haben zur Quelle, zum Seinsgrund, zum Einen ohne einen Zweiten zurückgefunden. Doch in diesem Grund ist alles enthalten, alles gegenwärtig. Gott und die Seele, der Leib und das All, aber in einer Weise, die unsere Vorstellung übersteigt, die alle Verschiedenheiten und Unterscheidungen ausgleicht.

Das ist der Frieden, der unser Verstehen übersteigt, das **Nirvana, Brahman**, die **Leere**, das **Nichts**, in dem das Denken aufhört und alles still wird. Aber in dieser Stille, in diesem Schweigen, ist das Wort verborgen, das Wort, in dem alles ewig existiert in der Fülle des Seins. Und im Wort ist der Geist anwesend, der Geist, der in aller Schöpfung und in den Herzen der Menschen als unser eigenes innerstes Sein ist.

Dieser Geist ist Liebe, eine Liebe, die jedes Atom durchdringt, die alles Leben erfüllt, das Herz jedes Menschen bewegt, die alles zur Einheit versammelt. In diesem Geist sind wir alle eins in dem Wort, jeder in sich selbst, das Licht des Wortes spiegelnd; und in diesem Wort sind wir eins mit dem Vater, dem Ursprung von allem.

„Alle sollen eins sein: wie du Vater in mir bist und ich in dir bin, sollen auch sie in uns sein, damit die Welt glaubt, dass du mich gesandt hast."

JOHANNES 17, 21

Das ist unser Schicksal, mit Gott eins zu werden in einer Einheit, die alle Unterschiede tilgt, und in der doch jeder einzelne sich in unversehrter Ganzheit wiederfindet.

HOMO ORIENS – WIR SIND BEREITS AUFERSTANDEN

Ohne aus der Tür zu treten,
kannst du die Wege der Welt kennen.
Ohne aus dem Fenster zu schauen,
kannst du die Wege des Himmels kennen.
Je weiter du gehst, desto weniger weißt du.
Die Weisen wissen, ohne zu reisen,
benennen, ohne zu sehen,
wirken, ohne zu handeln.

LAO TSE „TAO TE KING", Kapitel 47

Der Mensch selbst, sein wahres Wesen, sollte stets Grund und Ziel jeder Reise sein. Das Wort **Reise** hat etymologisch mit engl.: **to rise** (**sunrise** = Sonnenaufgang) zu tun. **Reise, Orientierung und Auferstehung** sind absolut identisch (lat.: **sol oriens** = der Sonnenaufgang). Das lateinische Verb „**oriri**" (hiervon kommt das Wort „**Orientierung**") bedeutet: **in Bewegung setzen, sich erheben, aufsteigen, sichtbar werden, entstehen, entspringen, geboren werden**. Die Lebensorientierung des Menschen sollte immer ein Emporstreben, der Weg zum Licht und nicht umgekehrt sein. Die Überwindung von Dunkelheit, Untergang und Tod gehören zu den Übungsaufgaben aller nach Gott oder nach dem Urgrund suchenden Menschen.

Bede Griffiths sagte dazu:
> *„Die Menschen heute wollen in die aktuelle Er-*
> *fahrung, in die Wirklichkeit eintreten. Sie haben all*
> *dieses Gerede über die Suche, die Worte, das Nach-*

denken oder Sprechen über Gott satt. Sie wollen die
Wirklichkeit Gottes in ihrem Leben, in der Tiefe, in
ihrem Wesen entdecken. "

Das bedeutendste Symbol für unseren Lebens-Weg ist der
Kreis, der gleichzeitig die innere und äußere Welt darstellt,
weder Anfang noch Ende kennt und für Vollendung steht.
Viele gehen einen langen, dem Umfang eines Kreises
folgenden Weg, um am Ende wieder bei sich selbst – doch
durch die Reise verändert – anzukommen.

Als junger Mensch verlässt man das gewohnte Zuhause
mit den vertrauten Denkweisen und begibt sich in die
Fremde, auf zunächst unsicheres Terrain. Die neuen Eindrücke sind gewaltig und verwirrend – es gibt so viele
Wege, Ideen, Lehren und Meinungen. Vielem wird man
anfänglich blind glauben und vertrauen, weil der innere
Grund für Sicherheit und Wissen noch nicht tief genug
aufgespürt wird. Zu viel noch spielen oberflächliche Sensationen eine Rolle – der Hunger nach Tiefgründigkeit ist aber
immer latent vorhanden.

Das Ego ist mit Recht in der ersten Lebenshälfte – von
Ausnahmen abgesehen – eine dominierende Kraft, die nicht
leicht bezähmbar ist. Wer will schon *loslassen*, was er sich
unter größten Anstrengungen erkämpft hat (Besitz, Wissen,
Macht etc.). Das Leben ist immer noch an unzählige
Bedingungen gekettet.

Der Weg in die Bedingungslosigkeit (z.B. beten, ohne
etwas zu erwarten) ist ein mühsamer Umkehrprozess. Die
Absichtslosigkeit ist eine wesentliche Voraussetzung für den
integrativen Ebenenwechsel: von **psyche** zu **pneuma**, von

anima zu **spiritus**, von **Seele** zu **Geist**, von **Glaube** zu **Wissen**. Solange ich absichtlich agiere (engl.: **intention** = Absicht, in Spannung sein), vollzieht sich nicht der Sprung in die Leere, wo die Fülle des Seins in der Gegenwart erfahrbar wird. Jede Form von noch so moderner Psychotherapie ruft zumeist schmerz- und leidvolle Emotionen, Bewegungen, hervor. Das Drama der Bilderwelt kommt kaum zur Ruhe.

Im Zustand des Wissens, der Erleuchtung, wird der Glaube transzendiert, aber nicht aufgehoben.

In der völligen Klarheit und Ruhe nach dem Eintritt in die Wirklichkeit unseres innersten Wesens werden alle bisherigen Eigenschaften unserer Natur von der vorangegangenen Trennung erlöst und integrierend miteinander versöhnt. Es gibt jetzt keine Grenzen mehr – der Geist ist sowohl Form als auch Leerheit des Kreises, auf und in dem ich mich bewege. Dieser Zustand ist mit dem individuellen Ego nicht identisch.

Am Punkt des Geistes überschreiten wir unsere menschlichen Begrenzungen und werden uns der Gegenwart des Unendlichen, des Ewigen oder des Einen bewusst.

BEDE GRIFFITHS

Heilende Gegenwart

Erleichterung, Leichtigkeit, Licht-Erfahrung, Ausstrahlung

In der Kontemplation geht es nicht darum, dass wir durch asketische Übungen einen besonderen Bewusstseinszustand erzeugen, sondern darum, dass wir uns des tief in uns vorhandenen Heilsgeschehens bewusst werden.

Die heilende Gegenwart Gottes ist wie eine verborgene Quelle in uns, die wir durch den Weg nach innen immer mehr öffnen und zum Sprudeln bringen können.

Da Jesus ausdrücklich von der Leibesmitte (*koilia*) zu der Samariterin am Jakobs-Brunnen (Johannes 4, 1-26) sprach, sollen wir die verwandelnde Gegenwart des Geistes leibhaft erspüren.

- **Mit großem Vertrauen lasse ich mich auf den inneren Weg ein**

- **In tiefer Stille habe ich Kontakt mit der verborgenen göttlichen Quelle**

- **In Dankbarkeit erkenne ich Christus als den die göttliche Quelle öffnenden Brunnen**

- **In der Einheit mit allen Wesen erspüre ich den Geist als den belebenden göttlichen Lebens-Strom**

- **Mit Freude erlebe ich, wie der Strom des Geistes durch mich hindurchfließt**

Opfer-(ung), Wandlung, Kommunion

Die dreifältige con-spirituelle Interaktion der Wirklichkeit

In der heiligen Messe der katholischen Kirche sind die drei Elemente **Opferung, Wandlung** und **Kommunion** die Wesensmerkmale der Eucharistie. Diese Drei-Einheit widerspiegelt auf äußerst sinnvolle Weise das ständige trinitarische Beziehungsnetz von **Gott, Mensch** und **Kosmos**.

Diese lebendige Dreifaltigkeit als Ausdruck der höchsten Wirklichkeit wird im Sanskrit mit **Sat-Chit-Ananda** (Sein-Bewusstsein-Glückseligkeit) bezeichnet.

Wenn wir uns bewusst auf diesen immerwährenden, sich dauerhaft wiederholenden und erneuernden Prozess der manifesten Wirklichkeit einlassen, bekommen die Begriffe Opferung, Wandlung und Kommunion wieder ihre ursprüngliche Bedeutung und dienen zur Erfahrungs-Dimension des **ewigen Lebens im Hier und Jetzt.**

Opfer (lat.: **sacrificium**, engl: **sacrifice**,) ist eine heilige Handlung (lat.: **sacra facere**). Opferung (lat.: **offertorium**, engl.: **offering**) bedeutet wörtlich entgegentragen, darbringen. Das Opfer besteht letztlich immer darin, uns selbst darzubringen, indem wir unser **Ego** völlig loslassen und aufgeben, aber nicht an die Opferhandlung eine Bedingung oder Erwartung knüpfen. In der radikalen Selbsthingabe (engl.: **surrender**) im Opfer des eigenen Lebens, des Egos, erfährt der Mensch die bedingungslose Zuwendung Gottes in Christus.

Demzufolge ist meine Haltung während der **Eucharistie** (wörtlich: Danksagung und nicht Bittstellerei) sehr wesentlich für den weiteren Verlauf des lebensspendenen Prozesses, der ausnahmslos für alle Menschen überall gleichermaßen gültig ist, das ständige Einüben in der selbstlosen, vom Ego befreiten Hingabe.

In der deutschen Sprache ist dieser heilige Akt **Opfer** im Kontext anderer Begriffe von seiner herkömmlichen Bedeutung entfremdet und hat den von Christus initiierten Menschwerdungs-Prozess immer wieder behindert.

In der **Wandlung**, der zweiten Phase des trinitarischen Geschehens, erfahren wir spürbar eine stetig wachsende Veränderung und Verwandlung als Frucht unserer zunehmenden Selbst-Losigkeit, unseres Loslassens des hinderlichen Egos. Im christlichen Kontext wird hier von **Transsubstantiation**, der Verwandlung von Brot und Wein in Leib und Blut Christi gesprochen.

Bede Griffiths sagte:

„In diesem Geschehen geht es um den Leib der Auferstehung, der nicht Raum und Zeit unterworfen ist, bedingungslos gegenwärtig und völlig eins mit Gott ist. So erfahren wir in der Eucharistie, durch die grobstoffliche Materie von Brot und Wein, dass wir uns der wirklichen Gegenwart Jesu in seinem spirituellen Leib öffnen, der eins ist mit dem Vater und dem Heiligen Geist. Viele Katholiken halten jedoch an der Vorstellung fest, dass Jesus nur im Brot und Wein gegenwärtig ist. Aber in Wahrheit ist er im Geist überall anwesend. In der gesamten Schöpfung ist er gegenwärtig, in jedem Sandkorn, in jedem Partikel und Subpartikel. Das gesamte Universum

findet sich in Christus, in Gott. Wir sehen den Schleier der Materie, aber die Wirklichkeit des Christusleibes existiert immer in Gott und ist stets überall präsent".

Wandlung ist **Transformation, Mutation, Neuwerdung, Verwandlung.** In der unaufhörlichen und kontinuierlichen Transformationsphase ist der lebendige Raum für das Reifen zum Menschsein.

Von der Wandlung führt der Weg in die **Kommunion,** in die **communio,** in das wörtlich gemeinsame Einswerden mit mir selbst, mit Gott und allen Geschöpfen. **Kommunion ist der Zustand von Glückseligkeit** (Sanskrit: **ananda**), wo Sein-Bewusstsein-Glückseligkeit in ihrer dreifaltigen Wirkung den Zugang zur letzten Wirklichkeit, dem Paradies, dem ewigen Leben in der Gegenwart, im Hier und Jetzt öffnen.

Das Tor zum Paradies steht ständig offen, der Weg dorthin aber führt über die bedingungslose Realisierung des trinitarischen Wirkungsprinzips.

Opferung, Wandlung, Kommunion – Gott, Mensch und Kosmos – Vater, Sohn und Heiliger Geist.

Wenn das Leben durch die selbstlose Hingabe geheiligt wird (**sacrificium**), wir zur ständigen Verwandlung bereit sind und bedingungslos miteinander kommunizieren, offenbart sich das **Paradies** in unserem tiefstinneren Ur-Grund.

QUELLE & URSPRUNG

Was aus dem Geist geboren ist, das ist Geist.

JOHANNES, 3, 6

Oft ist es so, dass unsere Gefühle, Ideen, Meinungen, Gedanken, Gewohnheiten, Selbstverständlichkeiten unserer mentalen Struktur (engl.: **mind**) die Wirklichkeit des Geistes (engl: **spirit**) verdunkeln, seinen Platz einnehmen, seine Existenz übersehen lassen können. Der spirituelle Weg des Christen ist die Suche nach dem Vater; aus östlicher Sicht ist es die Suche nach der Quelle, nach dem Selbst. Es ist nicht das Alltags-Selbst, sondern das vom Ego befreite Sein, das in unserem Innersten wohnt. Tief in uns verborgen steckt unser wahres Selbst, das nicht getrennt und verschieden von der Quelle des Seins ist, welche die Christen mit Gott bezeichnen. Wenn Jesus sagt: *„Ich und der Vater sind eins"*, dann meint er damit, dass er die Quelle, den Ursprung kennt.

Die **Upanishaden** nennen dies das Einssein von **Atman** und **Brahman**. Der Seinsgrund und der Bewusstseinsgrund, das „**Ich bin**" (Sanskrit: **aham**) aller Wirklichkeit und das „**Ich bin**" in unserer eigenen Tiefe sind nicht zwei, können nicht voneinander getrennt werden.

Wer dies aus unmittelbarer innerer Erfahrung erfährt, weiß, dass er unsterblich ist.

Unmittelbar bedeutet: **ohne Mittel, ohne Medium, ohne Channel, ohne Einwirkung von außen.** Im Englischen spricht man von „**immediate experience**". Die landläufige Übersetzung von „**immediate**" heißt: sofort; wörtlich aber ist gemeint: „ohne Mittel". Das ist für den spirituellen Weg von größter Bedeutung, der sich von den diversen esoterischen Irrwegen völlig unterscheidet. Genau hier unterscheiden sich die Geister.

Das ist die Wahrheit, die uns frei macht. Das ist Befreiung (Sanskrit: **moksha**). Das ist das, was der spirituelle Meister an seinen Schüler durch Initiation weitergibt. Hier vollzieht sich das radikalste Zeugnis für den Ruf in das Jenseitige, das Innerste unseres Wesens, der – wie schwach auch immer – im Herzen eines jeden ertönt. Es ist das Zeichen für das, was jenseits aller Zeichen liegt, und was alle Möglichkeiten übersteigt, es angemessen mittels Riten, Glaubensbekenntnissen oder Institutionen zu umschreiben. Eine Konfession, die als Religion tatsächlich das Letzte und Unbedingte im Blick hat, muss alle Dogmen und Praktiken hinter sich lassen und sie als nur etwas Vorläufiges betrachten.

In der tiefsten Quelle bekommt das Sehen eine neue Qualität. Das „**Ich bin**" leuchtet uns schließlich als das Licht des reinen Bewusstseins auf, und dieses Licht absorbiert völlig das reflektierte Licht unseres denkenden und wahrnehmenden Geistes.

Diese Wirklichkeit des reinen Bewusstseins ist von Natur aus ewig.

Atman und **Brahman** kann man nicht erreichen. Wer erreicht die Quelle außer der Quelle selbst? Nichtwahrnehmen ist nur eine Ausflucht, die man vorgibt, weil man versucht, vor dem Wirklichen zu fliehen und mit klarem Bewusstsein ein Schein-Leben des Gebets, der Frömmigkeit und sogar der Askese zu führen. Das ist zweifellos für das Ego recht befriedigend, aber tatsächlich führt es zu nichts. Geht die Sonne denn schon dadurch unter, dass ich die Fensterläden schließe?

Das grundlegendste Hindernis für die Wahrnehmung ist gerade die Vorstellung, dass man auf diese Wahrnehmung noch warten muss.

Die Wahrheit hat keine Kirche. Die Wahrheit ist die Wahrheit, und ein Mensch kann sie nicht an den anderen weitergeben. Die Wahrheit scheint kraft ihres eigenen Lichts. Für jeden, der die Wirklichkeit geschaut hat, gibt es weder Christen noch Hindus, Buddhisten oder Moslems. Wir müssen Gebete, Gottesdienst, das Nachsinnen über dieses oder jenes zurücklassen und nur wahrnehmen, **dass wir sind**.

Der bedeutendste Lehrsatz aus der **Chandogya-Upanishad**, einer der Lieblingstexte meines Meisters **Bede Griffiths**, heißt: „Tat Tvam Asi" (Sanskrit: *Das bist Du*). Das Absolute ist mit Dir wesenseins. Der Schüler muss das Ewige, Unwandelbare erfahren und erkennen, dass er weder Körper noch Denken ist, sondern geburtloses, todloses, absolutes Bewusstsein, jenseits aller Dualität.

Wenn es in den Upanishaden heißt: „**Aham Brahman**" (Ich bin Brahman) oder „**Tat Tvam Asi**" (Das bist Du), scheint es zunächst als identifiziere man sich selbst mit Gott. Dies sind lediglich Ausdrucksformen mystischen Erlebens, die man nicht wörtlich nehmen darf, sondern nur im Kontext einer höheren Bewusstseinsebene verstehen muss.

Es bedeutet, dass ich auf der tiefsten Ebene meines Seins eins bin mit dem Urgrund und jenem Bewusstsein, das Ursprung und Quelle des gesamten Universums ist.

Wenn wir die Dualität von Körper und Seele übersteigen, betreten wir den Raum des Geistes (lat.: **spiritus**; griech.: **pneuma**; Sanskrit: **atma**). Auf der geistigen Ebene werden Körper und Seele nicht negiert, sondern auf der Stufe von Glückseligkeit (Sanskrit: **ananda**) integriert. Hier ist der Punkt, an dem der menschliche mit dem göttlichen Geist in Berührung kommt. Dieses bedeutungsvolle Wissen um den Geist (das Geheimnis der Spiritualität) ist uns verloren gegangen und muss dringend wiederentdeckt werden.

Durch Körper und Seele unterscheiden sich alle Menschen voneinander und sind getrennt. Doch auf der Ebene des Geistes – der heilige **Franz von Sales** spricht von der *„feinen Spitze der Seele"* – leben wir alle in engster Kommunion in Frieden und Freude in der ewigen Heimat der uns innewohnenden Urquelle.

Die Bilder, die wir als Persönlichkeit von uns selbst haben, sind uns als Spiegelbilder unserer sozialen Beziehungen zugekommen und sind nichts anderes als wechselnde Vorstellungen unseres Gedankenflusses. Hinter all dem findet der Akt unseres Daseins statt. Ohne ein Objekt im Sinn zu haben, müssen wir unsere innere Quelle aufspüren. Unser **„Ich bin"** steigt auf – nicht als Gegenstand –, sondern als Ursprung allen Seins. Das Sein meines Seins – die ewige Wirklichkeit.

Shakti: Kraftzentren spüren

Wenn Dein ganzer Körper von Licht erfüllt ist,
dann wird er so hell sein, wie wenn die Lampe
Dich mit ihrem Schein beleuchtet.

Lukas 11, 36

Wenn wir uns als von Gottes Geist beatmetes Wesen erleben – wir werden *inspiriert* –, kommen wir zu einer sehr intensiven leibhaften Stille.

Die Lebensenergie des **Atems** (Sanskrit: **atma** = Geist) fließt die Wirbelsäule entlang auf- und abwärts. In diesem Lebensprozess öffnen sich allmählich die Kraftzentren (Sanskrit: **shakti** = Kraft) und führen uns durch ihr harmonisches Wechselspiel zu unserer natürlichen Aufrichtung und Aufrichtigkeit.

Der Mensch kommt, solange er bei sich bleibt *(„habitare secum")*, mit dem ganzen Kosmos in Einklang. Wichtig ist immer die **„Enstase"** (*Gott-in-sich-sein*) im Gegensatz zur **„Ekstase"** (das *„außer-sich-sein"*), wobei wertvolle Kräfte verloren gehen.

	Kraftzentrum	Wirkung	Manifestation
1.	Wurzel-Chakra	stabilisierend	Erde
2.	Sexual-Chakra	reinigend	Wasser
3.	Bauch-Chakra	gestaltend	Feuer
4.	Herz-Chakra	öffnend	Luft
5.	Hals-Chakra	vermittelnd	Raum
6.	Stirn-Chakra	erkennend	Klang
7.	Scheitel-Chakra	transzendierend	Stille

Yoga (lat.: **iugum** = Joch; **iungere** = verbinden) ist nichts anderes als die Vereinigung mit Gott. **„Yogananda"** = Glückseligkeit in der tiefstinneren Verschmelzung mit Gott.

„ICH BIN" – ANGEKOMMEN IN DER GEGENWART

*Ich bin der Weg
und die Wahrheit
und das Leben.*

JOHANNES 14, 6

Das kontemplative Heils-Geschehen ist die Erfahrung lebendiger Gegenwart. **Salus est solutio** – das Heil ist die Lösung. Insofern ist **Jesus Christus** Heiland (Heiler) und (Er-)Löser zugleich, der uns immer wieder mit seiner Gegenwarts-Bezogenheit *„Ich bin"* konfrontiert.

Heil- und Lösungs-Affirmationen:

ICH BIN die strahlende Sonne meines Lebens

ICH BIN die grenzenlose Kraft in allem Tun

ICH BIN die unversiegbare Quelle ewiger Liebe

ICH BIN die Auferstehung und das Leben

ICH BIN der/die ICH BIN

ICH BIN fließendes Licht in allen Zellen aller Körper

ICH BIN Vergebung in den Zellen aller Körper

ICH BIN das göttliche Sein in allem Leben

ICH BIN die schöpferische göttliche Intelligenz

ICH BIN das Wort und das ewige Leben

ICH BIN Licht, Liebe und Frieden

ICH BIN Segen, Demut und Freude

ICH BIN Trost, Kraft und Heil

ICH BIN die schwingende Kraft der Natur

ICH BIN Geist in allen Zellen, Formen und Körpern

ICH BIN Himmel im Heiligtum meines menschlichen Seins

ICH BIN die alle Bewusstseinsschichten erlösende Kraft

ICH BIN das alle Bewusstseinsschichten erlösende Licht

ICH BIN göttliches Licht in allen Zellen meines Körpers

WEG IN DEN URGRUND

Sieben Bewusstseins-Schritte:

1. **Mentalbereich** – Alltagsbewusstsein – Denken
2. **Versenkungsbeginn** – Gedanken loslassen
3. **Meditation** – reflektierendes Wahrnehmen
4. **Psychisches Bewusstsein** – Fühlen
5. **Versunkenheit** – Schweigen/Stille
6. **Kontemplation** – Mystisches Erleben
7. **Ruhen im Urgrund** – Ankunft im Hier & Jetzt

- In allem schwingt der göttliche Klang „**OM**".

- Jede Lebenszelle ist von der Gegenwart Gottes durchdrungen

- Das Bewusstsein bekommt eine unendliche Weite

- Einheitserfahrung von: Heimat, Ursprung, Entfaltung

KONTAKT

Roland R. Ropers
Email: ROPARADISE@aol.com

www.kardiosophie-network.org

Besuchen Sie unsere Homepage,
dort finden Sie weitere Bücher, Hörbücher und CDs.
Wir freuen uns auf Sie!

www.sheema-verlag.de

KONTAKT

Sheema Medien Verlag
Bücher. Aus Liebe.

Hirnsbergerstr. 52
D - 83093 Antwort

Tel.: +49 (0)8053 - 7992952
Fax: +49 (0)8053 - 7992953

E-Mail: info@sheema.de
http://www.sheema-verlag.de

MÖGEN ALLE WESEN GLÜCKLICH SEIN

BUCHEMPFEHLUNGEN
AUS DEM SHEEMA MEDIEN VERLAG

Dr. David R. Hawkins: *Das All-sehende Auge*
The Eye of the I – aus dem Amerikanischen übersetzt von Marianne Rieke
Die innere Kraft der Informationen, die dieses Werk bereit stellt, genügt sich selbst, um das Bewusstsein des Lesers zu erheben. Ein Buch zum immer wieder Lesen, dem unendlich viel Wahrheit und Weisheit innewohnt, und das aus der Sicht des All-sehenden Auges geschrieben ist.
Hardcover, 479 Seiten, ISBN 978-3-931560-19-5

Dr. David R. Hawkins: *Licht des Alls – Die Wirklichkeit des Göttlichen*
I – aus dem Amerikanischen übersetzt von Marianne Rieke
Erklärt das innerste Wesen und die Essenz von Bewusstsein von seinen Anfängen bis zur spirituellen Wirklichkeit von Erleuchtung und göttlicher Gegenwart. Ein Buch, welches „das Unbeschreibbare" beschreibt und tiefe Erkenntnisse auf dem Weg zum Göttlichen ermöglicht.
Hardcover, 584 Seiten, ISBN 978-3-931560-20-1

Dr. David R. Hawkins: *Erleuchtung ist möglich – Wie man die Ebenen des Bewusstseins durchschreitet*
Transcending the Levels of Consciousness – Aus dem Amerikanischen übersetzt von Marianne Rieke
Ein Buch mit detaillierten Erklärungen und Anweisungen, wie die Begrenzungen des Egos überschritten werden können. Praxisnah und bewusstseinserweiternd.
Hardcover, ca. 430 Seiten, ISBN 978-3-931560-21-8

„Der wirkliche Autor der Bücher ist Bewusstsein selbst."

„In der Gegenwart GOTTES endet alles Leiden. Man ist zu seiner Quelle zurückgekehrt, die nicht verschieden vom eigenen SELBST ist".

DR. DAVID R. HAWKINS

David Ramon Hawkins

(geb. am 3. Juni 1927) ist ein US-amerikanischer Mystiker, Arzt, Psychiater, spiritueller Lehrer und Autor. Er leitete eine große psychiatrische Praxis im Staat New York. Nach Beendigung der klinischen Tätigkeit 1980 beschäftigte sich der in Zurückgezogenheit lebende Hawkins viele Jahre lang vorwiegend mit Spiritualität und Bewusstseinsforschung.

Hawkins' Hauptanliegen ist die Förderung der Spiritualität im Menschen. Nach seiner Lehre ist spirituelles Wachstum das grundlegendste und tiefgreifendste Mittel zur Linderung von Leid in dieser Welt. Nach seiner Vorstellung leben Menschen auf unterschiedlichen Bewusstseinsebenen und nehmen Wirklichkeit und Wahrheit in Relation zu ihrer Ebene wahr.

Neben Vorträgen fasst Hawkins insbesondere in eigenen Büchern seine Lehre zusammen. Er möchte dem spirituellen Sucher Einblick und Verständnis für die zentralen Themen bei der Suche nach Gott zur Hand geben. Themen sind daher u.a.: Bewusstseinsstufen und -entwicklung, Strukturen des Egos, Integrität, Verstand, Kausalität und lineares Denken, Nicht-Dualität, Eigenschaften GOTTES und Hilfestellungen zu Problemen auf dem Weg zu GOTT.

Detaillierte Informationen zu allen Büchern erhalten Sie im Internet unter www.sheema.de